Zur Geschichte und Chemie der Mineralwässer

Erdig – alkalisch – muriatisch – salinisch

GEORG SCHWEDT

2018

Herstellung und Verlag:
BoD- Books on Demand, Norderstedt
ISBN: 978-3-7528-4290-6

INHALT

1. Vorwort und Einleitung:
Zur Bedeutung der Mineralwässer-Industrie im 21. Jahrhundert

Alljährlich werden vom VERBAND DEUTSCHER MINERAL-BRUNNEN die Branchendaten veröffentlicht.

Für 2016 – und 2018 werden sie sich nicht wesentlich geändert haben – wurde von 195 Betrieben in der Bundesrepublik Deutschland 14.715,5 Mio. Liter an Mineralwässern verkauft – mit einem Umsatz von insgesamt fast 3.374,4 Mio. Euro.

Der Pro-Kopf-Verbrauch an Mineral- und Heilwässern wird für 2016 mit fast 190 Litern angegeben.
Zum Ex- und Import ist Folgendes zu erfahren:
Export Mineralwasser: 355,7 Mio. Liter, Import: 1.271,8 Mio. Liter (nach vorläufigen Daten des Statistischen Bundesamtes).

Die wenigen Zahlen zeigen, welche Bedeutung der Markt an Mineral- und Heilwässern hat – und damit kommen wir auch zu den Grundaussagen von Carl Remigius FRESENIUS, dessen Geburtstag sich 2018 zum 200. Male jährt, der bereits in seiner ersten Abhandlung

> *Chemische Untersuchung*
> *der*
> *wichtigsten Mineralwasser des Herzogthums Nassau*

1850 Folgendes feststellte:

Die genaue Kenntniß der chemischen Beschaffenheit eines Mineralwassers ist in mehrfacher Hinsicht von wesentlichem Belang.

Sie lehrt nämlich **erstens** *den ARZT die Ursachen der HEILKRÄFTE kennen, welche das Wasser erfahrungsgemäß besitzt, sie gibt ihm Aufschlüsse über die richtige Art der Anwendung derselben und gewährt ihm einen sicheren Haltpunkt bei Versuchen, das Wasser in neuen Krankheitsformen als Heilmittel anzuwenden; –*

sie gibt **zweitens** *dem GEOLOGEN die wichtigsten Aufschlüsse über Natur und Entstehung der Mineralwässer und über die Rolle, welche sie bei der Gestaltung unserer Erdoberfläche gespielt haben; –*

und sie belehrt **endlich** *– um auch die materiellen Gesichtspunkte nicht außer Betracht zu lassen – den EIGENTHÜMER über den wahren Wert seines Besitzthums.*

Diese Aussagen gelten auch mehr als 150 Jahre danach im 21. Jahrhundert und sie werden in diesem Buch unter den verschiedensten Gesichtspunkten ausführlich vorgestellt.

Die Geschichte des heutigen *Verbandes Deutscher Mineralbrunnen e.V.* mit Sitz in Bonn beginnt bereits am 24. Oktober 1904 mit der Gründung durch etwa zwei Dutzend überwiegend rheinischer Mineralbrunnenbetriebe in Koblenz als erster Deutscher Mineralbrunnen-Verband. Als Aufgabe hatten sich die Mitglieder gestellt, *die gemeinsamen Interessen der Deutschen Mineralbrunnen-Industrie Behörden, Verbänden und der Öffentlichkeit gegenüber in Wort und Schrift zu wahren.*

In dieser ersten Phase ging es vor allem um eine verbindliche und allgemeine anerkannte Vereinbarung über die *Deklaration der Heil- und Mineralwässer.*

6

Im Ersten Weltkrieg nahmen die Aktivitäten des Verbandes infolge der Planwirtschaft zunehmend ab, bis es am 20. Oktober 1917 auf Initiative der inzwischen entstandenen Regionalverbände zu einer Neugründung als „Reichsverband Deutscher Mineralbrunnen" mit Sitz in Köln kam.

Im Dritten Reich bestand er noch bis zum 18. April 1935. Dann wurde ihm im Rahmen der nationalsozialistischen Gleichschaltungspolitik vom Amtsgericht Köln die Rechtsfähigkeit entzogen.

Nach dem Zweiten Weltkrieg wurde zunächst ein Fachverband der Mineralbrunnen in der britischen Zone gegründet, aus dem zusammen mit der Arbeitsgemeinschaft aus der amerikanischen Besatzungszone am 11. August 1948 der *Verband Deutscher Mineralbrunnen (VDM)* hervorging.

Unter aktiver Mitwirkung und Vorsitz des VDM (Sitz Bonn) im europäischen Rahmen entstanden 1962 erstmals *fünf Leitsätze zu einer europäischen Definition des Begriffs „natürliches Mineralwasser"*. 1980 trat die *europäische Mineralwasser-Richtlinie* in Kraft, die mit der *Mineral- und Tafelwasserverordnung* am 1. August 1984 in nationales Recht umgesetzt wurde.

In den 1990er Jahren wurde die Mineralwasserbetrieb aus der ehemaligen DDR als *Brunnengebiet Ost* in den VDM integriert. Auch war diese Zeit von Umbrüchen im Verpackungsmarkt charakterisiert, so dass heute nur noch etwa ein Viertel der Verpackungen als Glas-Mehrweg-, etwa 20 % als PET-Mehrweg- und fast 50 % PET-Einwegflaschen (Rest PETCYCLE/Rücklauf) sind.

(Informationen unter Branchendaten bzw. Geschichte auf der Webseite www.vdm-bonn.de)

2. Aus der Geschichte der Untersuchung von Mineralwässern –
von Paracelsus bis Fresenius

Zur Zeit der CHEMIATRIE, in der chemische Substanzen zunehmend als Arzneimittel verwendet wurden – einer Vorläuferin der pharmazeutischen Chemie, gewann auch die Untersuchung von Mineralwässern auf ihre Inhaltsstoffe zunehmend an Bedeutung. Diese Entwicklung begann im 16./17. Jahrhundert und ist vor allem auf den Arzt und Naturforscher PARACELSUS (Theophrast von Hohenheim, 1493-1541) zurückzuführen. Chemiatrika wurden in den meisten Fällen in die später entstandenen Arzneibücher, die *Pharmacopöen*, übernommen.

PARACELSUS schrieb in einem frühen Werk zur Heilmittellehre – *von den natürlichen bedern* (1525) u.a.

- *von den warmen bedern*
- *von den kalten bedern*

Und über die *siben mineralia*

„Solcher beder art und eigenschaft hab ich zu erkennen (und) wissen an einem arzt, der nit allein die medicin, sondern auch die philosophei [im Sinne von Naturforschung] *, so einem arzt gebühret ist, gruntlich verfasset* [vermittelt] *wird.“*

Sein Fazit lautet:

Die heylquellen seyndt die natürlichen composita Gottes, sie seyndt vollkommener an craft und tugend als alles andere.

Mit *tugend* sind die spezifischen Inhaltsstoffe eines Mineral-/Heilwassers gemeint. Er beurteilte die Mineralien nach Geruch, Geschmack und Aussehen.

Der Arzt und Apotheker, Mineraloge und Zeitgenosse von Paracelsus, Georg AGRICOLA (1494-1555) veröffentlichte 1546 sein Werk *De iudicio aquarum mineralium*, eines der ersten Bücher zur Mineralwasseranalyse.

Und der Botaniker, Mediziner TABERNAEMONTANUS (eigentlich Jacob Theodor aus Bergzabern, 1522-1590) schrieb das erste umfangreiche Werk über die Heil- und Mineralwasserquellen mit dem Titel *„New Wasserschatz. Von allen heylsamen Metallischen Miner(al)ischen Bädern und Wassern* (1584).

Wie seine Vorgänger benutzte er die Rückstände aus der Verdampfung des Wassers zur sensorischen Prüfung, sortierte Körnchen nach Aussehen und Farbe, prüfte mit der

Zunge auf Salz, Alaun (adstringierend), Gips, Salpeter, Metalle (wie Eisen). In seinem Werk sind zahlreiche Orte und Quellen verzeichnet, die noch heute bestehen.

Der ungarische Chemiehistoriker Ferenc Szabadvary (1923-2006), dessen „Geschichte der Analytischen Chemie" (1966) von dem Hamelner Ratsapotheker und Pharmaziehistoriker Günther KERSTEIN (1904-1979) für die deutsche Ausgabe bearbeitet wurde, schrieb u.a.:
„Im Zeitalter der Chemiatrie benutzte man in der Heilkunde viele Mineralwässer. Man befaßte sich eingehend mit der Untersuchung dieser Wässer, um über die Ursache ihrer Heilwirkung Auskunft zu erhalten.

Die Wasseruntersuchungen trugen vornehmlich zur Entwicklung der chemischen Analyse auf nassem Wege bei.

Die erste ausführlichere Beschreibung einer solchen Untersuchung stammt von Leonhard Thurneysser (1531-1596), einem Nachfolger von Paracelsus..."

Leonhard THURNEYSSER zum Thurn (1531-1596) wurde in Basel geboren, war Goldschmid, Metallurg, Alchemist, wurde Leibarzt des Brandenburgischen Kurfürsten Johann Georg (525-1596) und verfasste 1572 das Buch „PISON, oder von kalten, warmen, mineralischen und metallischen Wassern". Viele Beschreibungen darin sind unklar, erscheinen uns heute als unsinnig, enthalten jedoch auch eine erste Methodik zu Erkennung der Mineralstoffe in Mineralwässern.

Die Summe der gelösten Stoffe ermittelt er durch eine vergleichende Wägung gleicher Volumina von Regenwasser und Mineralwasser. Dann dampft er das Wasser ab, so dass die gelösten Stoffe auch (wenigstens zum Teil) als Kristalle erscheinen. Dieser Rückstand wird gewogen und dann geglüht. Und aus dem Verhalten beim Glühen zieht er erste Rückschlüsse, die er sogar in der Form eines Gedichtes darstellt. Auch hier scheint vieles unverständlich. Jedoch können wir heute das Knistern beim Erhitzen eines kochsalzhaltigen (natriumchloridhaltigen) Mineralwassers auch selbst noch nachvollziehen.

Wesentlich exakter sind dann schon die Angaben in einem Werk des Andreas LIBAVIUS (1555-1616), Schulmann, Arzt und Chemiker, Anhänger des PARACELSUS, der auch das erste Lehrbuch der Chemie (*Alchemia*, 1597) verfasste.

Libavius und sein *Opus medico-chymicum*

In seinem Werk OPERA MEDICO-CHYMICA (Frankfurt 1606, 2. Band) hebt er hervor, dass die Untersuchung der Mineralwässer in der Nähe der Quelle zu erfolgen habe, um auch gasförmige Bestandteile (*spiritus* genannt) zu erfassen. Und dann beschreibt er ein uns heute verblüffendes Verfahren, nach dem Einengen des Wassers bis fast zur Trockene, aber noch zähflüssig, von F. Svabadvary wie folgt wiedergegeben:

„...Dann hängt man einen Strohhalm oder einen Faden hinein und wartet solange, bis darauf Salze auskristallisieren. Aus der Form der Kristalle wird geschlossen, ob im Wasser Alaun, Vitriol oder Salpeter enthalten ist.“

Von LIBAVIUS wird auch *Galläpfelsaft* zum Nachweis von Eisen verwendet. Und er erkennt einen Gehalt an Ammoniak bzw. Ammoniumsalzen im Wasser an der Blaufärbung nach dem Zusatz von Kupfervitriol (Kupfersulfat).

1685 erschien ein Buch des englischen Chemikers Robert BOYLE (1627-1691), „Memoirs of a Natural History of Mineral Waters", in dem eine wesentliche Weiterentwicklung der Analysenmethodik festzustellen ist.

In seiner Einleitung hebt Boyle die Wichtigkeit der genauen Beobachtung, auch des geologischen Untergrundes, hervor. aus dem das Mineralwasser stammt. Die Analyse beginnt mit einer Temperatur- und Dichtemessung, der Prüfung auf eventuelle Trübungen und Geruch. Beim Stehenlassen,

Erhitzen oder längerer Einwirkung der Luft prüft er, ob ein Niederschlag entsteht. Die chemische Analyse, die sowohl im ursprünglichen Wasser als auch im wieder aufgelösten Eindampfrückstand stattfindet, verwendet Boyle neben dem schon genannten Galläpfelextrakt – und er entwickelt Schwefelwasserstoff aus einem Gemisch von Schwefel, Kaliumcarbonat und Ammoniumchlorid (in einer Retorte) zum Nachweis von Schwermetallen als Sulfide. Schwefelwasserstoff als Reagenz geriet zunächst in Vergessenheit und wurde erst nach hundert Jahren wieder verwendet.

Weiterhin prüfte Boyle das Wasser mit Veilchensaft als Indikator (Anthocyane als Säure-Base-Indikatoren: sauer: rot, neutral: blau, alkalisch: grün), mit Säuren auf Carbonate (durch Aufbrausen) oder Quecksilberchlorid (gelber Niederschlag, der sich langsam schwarz färbt). Bei Verdampfen des Wassers ließ er den Rückstand fraktioniert auskristallisieren und folgerte aus dessen Form ebenfalls auf die Art der Mineralstoffe.

Zu Beginn des 18. Jahrhunderts erschien ein weiteres wichtiges Buch zur Untersuchung von Mineralwässern – mit dem Titel *„De methodo examinandi aquas salubres"* (1703), von dem durch seine Tropfen bekannt gewordenen Mediziner Friedrich HOFFMANN (1660-1742), ein Mediziner der Frühaufklärung. Er untersuchte 1727 auch den berühmten SELTERS-Brunnen, über den noch mehrmals zu berichten ist.

Seine qualitative Analyse umfasst den Nachweis von Kupfer durch Fällung mit Eisen, von Kochsalz (bzw. Chlorid) mit Silbernitrat, von Alkalien im Abdampfrückstand durch Indikatoren (wie den Veilchensaft), Salmiak (Ammoniumchorid) durch Zusatz von Alkalien, wonach Ammoniakgas entsteht, und Kalk (Calciumsalze) fällt er mit Schwefelsäure.

Eine Reaktion alkalischer Wässer mit Schwefel beschreibt Hoffmann wie folgt:

Cum sulphure per ignem combinatum largitur substantium rubicundam male olentem, quae vocari solet hepar sulphuris.

(Schmilzt man den Rückstand alkalischer Wässer mit Schwefel, so entsteht ein stinkender Stoff, Schwefelleber.)

Wie Hoffmann auch Magnesiumsalze erkannte und von Calciumverbindungen unterschied, beschrieb er wie folgt (deutsche Übersetzung in F. Svabadvary):

„In vielen Quellen ist ein Neutralsalz aufzufinden, das keinen Namen besitzt und bisher beinahe unbekannt war... Dieses Salz ist dem Kaliumsulfat (arcanum duplicatum) ähnlich, schmeckt bitter und ruft auf der Zunge eine kalte Empfindung hervor; weder mit Säure noch mit Alkalien braust sie auf,..." – gemeint ist das als *Bittersalz* bezeichnete Magnesiumsulfat. Schweflige Wasser weist er am Geruch bzw. an der Schwärzung von Silber nach.

Hoffmann wurde 1693 als erster Professor der Medizin an die neugegründete Universität Halle berufen.

In der zweiten Hälfte des 18. Jahrhunderts hatte sich aus diesen einzelnen Nachweisreaktionen eine eigenständige Methodik der Mineralwasseranalytik vor allem von Apothekern entwickelt, von den beispielhaft hier folgende Namen genannt werden, die auch ausführliche Abhandlungen verfassten:

- Johann Friedrich WESTRUMB (1751-1819)
- Henri STRUVE (1751-1826)
- Johann Friedrich August GÖTTLING (1755-1809)
- Johann Bartholomäus TROMMSDORFF (1770-1837)

(Umfangreiche Darstellungen s. in Klaus Kiefer, Mineralwässer. Der Beitrag deutscher Apotheker zur Erforschung von Mineralquellen und zur Herstellung künstlicher Mineralwässer, Eschborn 1999)

J.F. WESTRUMB hatte in der Hof-Apotheke zu Hannover gelernt und wirkte ab 1779 als Rats-Apotheker in Hameln, wo er in seinem Apotheken-Laboratorium im *Hochzeitshaus* durch eigene Erfahrungen bei der Untersuchungen zahlreicher Mineralwässer – u.a. von Pyrmont, Meinberg, Driburg und Eilsen – eine eigene Methodik entwickelte, die er in seinen *Kleinen physikalisch-chemischen Abhandlungen* (Heft 2, 1786) unter dem Titel

Kurze Anleitung zur Prüfung eines Mineralwassers

veröffentlichte.

Altes Rathaus (1945 abgerissen) mit Teil des Hochzeitshauses in Hameln, in dem sich die Raths-Apotheke befand

In dieser Schrift nimmt er Bezug auf die *Schriften des verewigten Bergmanns,* dem er beinahe alles verdanke. Gemeint ist der schwedische Chemiker Torbern Olaf BERGMAN (1735-1784) in Uppsala, der als der bedeutendste Analytiker seines Jahrhunderts gilt – mit seinen Abhandlungen in *Bergmanni Opuscula physica et chemica.*
Auch nennt er den Schweizer Henri STRUVE (1751-1826), der 1799 den ersten Lehrstuhl für Chemie und Mineralogie an der Akademie in Lausanne erhielt und dessen
Allgemeine Betrachtung und neue Beobachtungen über die Zerlegung der mineralischen Wasser
in „Crells Beyträgen zu den Chemischen Annalen" (1. Stück 1786) erschien.

Die beiden Apotheker GÖTTLING in Jena und TROMMS-DORFF entwickelten um 1800 so genannte *chemische Probierkabinette*, in denen alle für eine qualitative Analyse erforderlichen Reagenzien in tragbaren Holzkoffern für die Untersuchungen an der Quelle vorhanden waren.

Nachbau der Göttlingschen chemischen Probierkabinetts
(Institut für Anorganische und Analytische Chemie, TU Clausthal)

J.F.A. GÖTTLING war zunächst Provisor in der Hof-Apotheke zu Weimar und Goethes chemischer Berater. 1789 erhielt er durch die Unterstützung Goethe den ersten Lehrstuhl für Chemie (an der philosophischen Fakultät) der Universität Jena und 1790 brachte er sein Probierkabinett mit einem Anleitungsbuch heraus, das auch als erstes Hochschullehrbuch der anaytischen Chemie bezeichnet wird – mit dem Titel:

> *Vollständiges chemisch Probir-Cabinet*
> *zum Handgebrauche für Scheidekünstler, Aerzte, Mineralogen,*
> *Metallurgen, Technologen, Fabrikanten, Oekonomen und*
> *Naturliebhaber.*

J.B. TROMMSDORFF hatte seine Apothekerlehre 1784 in der Hof-Apotheke zu Weimar begonnen und wurde 1795 ao. Professor für Chemie an der Universität Erfurt. Er gründete 1795 sein Chemisch-pharmazeutisches Institut zur Ausbildung von Apothekern in Erfurt und entwickelte wie Göttling ein *chemisches Probircabinet*.

Im Vorwort zur 3. Auflage des Begleitbuches (1818) schrieb er:

*Der verewigte G ö t t l i n g war der erste welcher kleine Sammlungen von **gegenwirkenden Mitteln** [Reagenzien] veranstaltete, die er dem Publikum käuflich überließ; durch häufige Nachfragen wurde ich in der Folge ebenfalls veranlaßt solche Sammlungen zu verfertigen, die in Rücksicht der Anordnung etwas von dem Göttlingschen abweichen, aber mit ungemeinem Beifall aufgenommen worden sind. Im Jahre 1799 machte ich die erste Versendungen, unter dem Namen* chemische Probircabinete...

In der Mitte des 19. Jahrhunderts beginnt eine neue Ära durch Carl Remigius FRESENIUS (1818-1897). Er hatte eine Apothekerlehre absolviert, in Bonn 1840 studiert, bei Liebig in Gießen 1842 promoviert, wirkte dort als Privatdozent und wurde 1845 als Professor für Chemie, Physik und Technologie an das Herzoglich-Nassauische Landwirtschafts-Institut Hof Geisberg bei Wiesbaden berufen. 1848 gründete er sein Chemisches Laboratorium in der Kapellenstraße von

Wiesbaden, das als *Institut Fresenius* (ab 1975 in Taunsstein/Taunus) bis heute besteht.

1850 erschien die im Vorwort zitierte erste Abhandlung zur Untersuchung von Mineralwässern. Sein Laboratorium entwickelte sich zu einem Zentrum der Mineralwasser-Analytik – und auch heute noch findet man die Analysenergebnisse des Instituts Fresenius auf zahlreichen Mineralwasser-Flaschen.

Bereits während seines Studiums in Bonn, u.a. bei dem Chemiker Gustav BISCHOF (1792-1870) und vor allem dem Apotheker Ludwig Clamor MARQUART (1804-1881), hatte er eine eigenständige *qualitative Analyse* entwickelt und in einem Buch 1841 veröffentlicht.

Carl Remigius Fresenius   und sein Chemisches Labor
                                 in der Kapellenstraße von Wiesbaden

Über den Beginn von FRSENIUS' in seinem eigenen Laboratorium schrieb der langjährige Mitarbeiter Walter Czysz in „140 Jahre Chemische Laboratorium Fresenius Wiesbaden 1848-1988":

„Schon 1849 begann FRESENIUS mit der ‚Chemischen Untersuchung der wichtigsten Mineralwasser des Herzogthums Nassau'. Die in mehreren Druckschriften (FRESENIUS, R. 1850-1866) niedergelegten Analysen der Quellen zu Wiesbaden, Ems, Schlangenbad, Langenschwalbach, Weilbach, Niederselters, Fachingen und Homburg v. d. Höhe wurden im Auftrag der Herzoglich Nassauischen Regierung durchgeführt. Die mit großer Sorgfalt ausgeführten Analysen (Trennung und Bestimmung der gasförmigen, ionischen und festen Bestandteile) wiesen schon damals Meßwerte bis vier und Umrechnungswerte bis sechs Stellen nach dem Komma auf (gewogen in Gramm pro Kilogramm Mineralwasser). Besonders zu erwähnen sind die heute noch interessanten Angaben über die genauen örtlichen Verhältnisse bei den zu untersuchenden Brunnen und über die Technik der Probenahme, die immer mitentscheidend für die Richtigkeit und Aussagekraft einer Analyse ist."

Die Orte der Mineralwasser-Analysen reichen vom Taunus, der Eifel bis nach Hamburg, Helmstedt, Berlin, Ronneburg (Sachsen-Altenburg), Salzbrunn und Warmbrunn in Schlesien (heute Polen), Kolberg (Westpommern, heute Polen), Neudorf (Böhmen, heute Tschechien), Coburg (Oberfranken) und Tölz (Oberbayern) – s. in Schwedt (2013).

W. Czycz hebt hervor, dass FRESENIUS „außer der reinen Analyse" den Brunnenbetreibern auch Ratschläge gegeben habe, „die sich aus dem Studium der Verhältnisse am Brunnen und dem Vertrautsein mit dem Chemismus der Wässer ergaben". Als Beispiel führt er die auch technisch umgesetzten Vorschläge am Brunnen von NIEDERSELTERS an, die zu einer neuen Fülltechnik führten – „Schwer zu sagen, was man beim Lesen dieser Analysenberichte mehr bewundern soll, die Originalität mancher Ideen zur Verbesserung des anstehenden Problems oder die Klarheit der Sprache, mit der sie zu Papier gebracht wurden." (W. Czysz)

Über die Methodik von FRESENIUS habe ich in meinem Buch „C. Remigius Fresenius und seine Mineralwasseranaysen. An den Quellen im und am Taunus" (2013) wie folgt berichtet: „FRESENIUS beginnt seine Abhandlungen stets mit *A. Physikalische Verhältnisse* oder *A. Allgemeine und physikalische Verhältnisse*. In diesem Abschnitt beschreibt er die Lage der Quelle, berichtet in manchen Fällen auch über deren Geschichte (oder auch über den Auftraggeber der Analysen), deren Abmessungen und die Beschaffenheit des Wassers, das er stets frisch in ein Glas füllt und dessen Geschmack er angibt. Durch Schütteln in einer halbgefüllten

Flasche stellt er fest, ob das freigesetzte Gas Kohlenstoff-dioxid nach Schwefelwasserstoff riecht und ob sich Trü-bungen bzw. Flocken von Eisenocker bilden. Die Sensorik steht somit am Anfang aller Untersuchungen. Exakte Angaben über das Datum der Probenahme, Luft- und Wassertemperatur, Wassermenge und Gasmenge sowie die Bestimmung der Dichte gehören ebenfalls in diesen Abschnitt.

Im Abschnitt **B. Chemische Untersuchung** beginnt FRESENIUS mit der qualitativen Analyse am Ort der Probenahme mit folgenden Reagenzien:

Wässriges Ammoniak – zur Feststellung von Fällungen (Trübungen) im ammoniakalischen Bereich (vor allem Carbonate und Hydroxide).

Salzsäure, Chlorwasserstoffsäure – zur Feststellung der mehr oder weniger starken Kohlenstoffdioxid-Entwicklung (Frei-setzung).

Chlorbaryum (Bariumchlorid), *zu dem mit Salzsäure angesäuerten Wasser gesetzt* – zum Nachweis von Sulfat.

Salpetersaures Silberoxyd (Silbernitrat in Salpetersäure) – zum Nachweis von Chlorid.

Oxalsaures Ammon (Ammoniumoxalat) – zum Nachweis von vor allem Calcium als schwer lösliches Calciumoxalat.

Ferricyankalium (Kaliumhexacyanoferrat(III) – rotes Blut-laugensalz) – zum Nachweis von Eisen(II)salzen.

Gerbsäure – zum Nachweis der sich an der Luft bildenden Eisen(III)salzen, ebenso *Gallussäure*.

Jodkalium, Stärkekleister und verdünnte Schwefelsäure – zum Nachweis von Nitrit.

Als Reagenzpapier verwendet FRESNIUS *blaues Lackmus-papier* und auch *Curcumapapier* – das letztere lässt er an der Luft liegen und kann hohe Hydrogencarbonat-Gehalte infolge des beim Eintrocknen entstehenden Carbonats durch die Braunfärbung (alkalische Reaktion) erkennen.

Zur Erkennung von Iodid verwendet er *Kupferchlorid*, zum Nachweis von Sulfid eine Bleisalz-Lösung.

Zur qualitativen Analyse verweist FRESENIUS häufig auch auf sein Lehrbuch – u.a. auf die 11. Auflage „Anleitung zur qualitativen Analyse" [1862].

Die Ergebnisse der qualitativen Analyse werden für die meisten Mineralwässer in Form von *Basen* (= Kationen) und *Säuren* (= Anionen) zusammengestellt."

FRESENIUS

B. Analyse der Mineralwässer

§. 206.

(...)

a. *Basen: Kali, Natron, Lithium, Caesium, Rubidium, Ammon, Kalk, Baryt, Strontian, Magnesia, Thonerde, Eisenoxydul, Manganoxydul (Zinkoxyd, Nickeloxydul, Kobaltoxydul, Kupferoxyd, Bleioxyd, Thalliumoxydul, Antimonoxyd und zuweilen auch noch Oxyde anderer Schwermetalle)*

b. *Säuren etc.: Schwefelsäure, Phosphorsäure, Kieselsäure, Kohlensäure, Borsäure, Salpetersäure, salpetrige Säure, unterschweflige Säure, Chlor, Brom, Jod, Fluor, Schwefelwasserstoff, Quellsäure und Quellsatzsäure, Ameisensäure, Propionsäure etc. (arsenige und Arsensäure, Titansäure)*

c. *Unverbundene Elemente und indifferente Gase: Sauerstoff, Stickstoff, leichter Kohlenwasserstoff.*

d. *Indifferente organische Stoffe.*

Manche von diesen Bestandtheilen kommen in den meisten Quellen in vorwaltender Menge vor, namentlich

25

Natron, Kalk, Magnesia, zuweilen Eisenoxydul, ferner Schwefelsäure, Kohlensäure, Kieselsäure, Chlor und zuweilen Schwefelwasserstoff. Die übrigen finden sich fast immer nur in geringer, oft in höchst geringer Menge. Die in der obigen Uebersicht eingeklammerten Stoffe sind gewöhnlich nur in den Abdampfrückständen grosser Wassermassen oder in den schlammigen Ocker- oder festen Sinterabsätzen der Quellen nachweisbar... (...)

„Es gelingt ihm durch Eindampfen (Einengen) großer Wasservolumina auch *Elementspuren* in Bereichen von wenigen Mikrogrammen je Liter (bzw. Kilogramm) nachzuweisen! [z. B. für das Iodid]
An die Ergebnisse der qualitativen Analyse schließen sich dann die *quantitativen Analysen* an. Sie werden, soweit er auch hier nicht auf sein Lehrbuch „Anleitung zur quantitativen Analyse für Anfänger und Geübtere" verweist, in allen Einzelheiten, mit allen Messwerten (Volumina und Ein- und Auswaagen) angegeben. Im zweiten Band der sechsten Auflage 1887 hat FRESENIUS seine Erfahrungen in der Mineralwasseranalytik im *Speciellen Theil* umfassend und systematisch dargestellt. Ebenso ausführlich und nachvollziehbar sind die Berechnungen. Hier zeigt sich der *Meister der Analytik*, Präzision und Richtigkeit (durch Anwendung mehrerer, unterschiedlicher Verfahren) kennzeichnen die gesamte quantitative Analytik. Spezielle Verfahrensschritte im Hinblick auf die Besonderheiten des untersuchten Mineralwassers werden stets angegeben."
(s. auch Kap. 7)

Über die *Arbeiten im Laboratorium* ist im Lehrbuch verzeichnet:

II. Quantitative Analyse.
§. 209.

(...)

1. *Bestimmung des Gesamtquantums der fixen Bestandtheile.*

2. *Bestimmung des Chlors, Broms und Jods zusammen.*

3. *Bestimmung der Kieselsäure, des Eisens, Mangans, der Thonerde, des Kalks (sammt Baryt und Strontian) und der Magnesia.*

4. *Bestimmung der Schwefelsäure, des Natrons und Kalis.*

5. *Bestimmung der Kohlensäure im Ganzen.*

6. *Bestimmung des Jods, Broms, Lithiums, Baryts und Strontians.*

7. *Bestimmung der Phosphorsäure.*

8. *Bestimmung des Ammons.*

9. *Bestimmung der Salpetersäure.*

10. *Entdeckung und Bestimmung der Quellsäure und Quellsatzsäure* [aus Humus]

11. *Entdeckung und Bestimmung organischer Säuren*

12. *Bestimmung anderweitiger organischer Materialien (Harze, Extractivstoff)*

13. *Untersuchung der Quellengas. §. 210.*

Daran schließt sich unter *§. 211* ein weiteres Kapitel an – mit der Überschrift:

Modificationen des angegebenen Ganges, welche bei salinischen Wässern, das heisst bei solchen, welche doppelt-kohlensaures Alkali nicht enthalten, eintreten müssen.

1. *Bestimmung der Gesamtmenge der fixen Bestandtheile.*

2. *Bestimmung des Kalks und der Magnesia.*

3. *Bestimmung des Jods und Broms.*

4. *Bestimmung des Baryts und Strontians.*

5. Bestimmung des Ammons. Entdeckung und Bestimmung der
fllüchtigen organischen Säuren.
§. 212. Bemerkungen zur Analyse der Schwefelwasser.

„Soweit vorhanden vergleicht FRESENIUS seine Analysen-
ergebnisse auch mit denen anderer Chemiker (oder
Mediziner), stellt häufig die Frage, ob sich vielleicht die
Zusammensetzung des Mineralwassers verändert haben
könnte, verwirft manche Ergebnisse jedoch dann, wenn die
verwendeten Analysenverfahren nach seinen eigenen
Erfahrungen nicht geeignet bzw. nicht zuverlässig waren.
(...)
Spezielle Trennverfahren werden von FRESENIUS stets
[ausführlich] beschrieben und machen den hohen Zeit- und
Arbeitsaufwand der gesamten Analytik deutlich.
In der *Zusammenstellung* werden die Ergebnisse *in wägbarer
Menge* sowohl in *1000 Gewichtstheilen* als auch noch in *Pfund
= 7680 Gran* angegeben und zwar in Form von Verbindungen
(Salzen). Die Zuordnung der Anionen zu den Kationen (die
Ionenlehre existierte zu dieser Zeit noch nicht!) ist aus
heutiger Sicht nicht immer verständlich, sie scheint aber u.a.
von den Löslichkeiten ausgehen (s. Zitat weiter unten). Erste
Ansätze zu den von seinem Schwiegersohn Ernst HINTZ
nach 1900 eingeführten Angaben in Form von *Ionen* finden
sich bei FRESENIUS schon in der Abhandlung über
Schlangenbad und bei der *Vergleichung früherer Analysen* für
den *Stahlbrunnen in Langenschwalbach*, in denen er u.a.
Chlor (Chlorid), *Schwefelsäure* (Sulfat), *Natron* (Natrium),
Kali (Kalium), *Kalk* (Calcium) u.a. getrennt (ohne Anionen)
berechnet. (...)

Zur *Berechnung der Mineralwasseranalyse, Controlle und Zusammenstellung der Resultate* äußert sich FRESENIUS in dem zitierten Lehrbuch selbst in §. 213 wie folgt:

Die (...) gefundenen Resultate sind, wie man leicht ersieht, unmittelbare Ergebnisse directer Versuche. Sie sind in keiner Art abhängig von theoretischen Ansichten, welche man über die Verbindungsweise der Bestandteile unter einander haben kann. –

[Kommentar: FRESENIUS fällt das Chlorid als Silberchlorid und bestimmt durch Wägung die *Masse*. Damit ist bis heute eine Möglichkeit gegeben, daraus auch die *Ionenkonzentration* zu ermitteln, auch wenn FRESENIUS das Chlorid danach unterschiedlicher Metallen (*Basen*) bzw. Kationen zugeordnet hat – s. dazu weiter unten.]

Da jene mit der Entwicklung der Chemie sich umgestalten können, so ist es absolut nothwendig, dass in dem Bericht über eine Mineralwasseranalyse vor Allem die direkten Resultate sammt der Methoden, nach denen sie erhalten wurden, mitgetheilt werden. Alsdann hat die Analyse für alle Zeiten werth, denn sie bietet mindestens Anhaltspunkte zur Entscheidung der Frage, ob die Zusammensetzung eines Mineralwassers constant ist oder nicht.

Was die Prinzipien betrifft, nach denen man in der Regel die Säuren und Basen zu Salzen zusammenstellt, so geht man davon aus, dass die Basen und Säuren nach ihren relativen Verwandtschaften verbunden sind, d.h. man denkt sich die stärkste Base mit der stärksten Säure verbunden u.s.w., nimmt jedoch hierbei gleichzeitig Rücksicht auf die grössere oder geringere Löslichkeit der Salze, welche, wie bekannt, auf die Verwandtschaftsäusserungen von Einfluss ist.

29

So denkt man sich, wenn im gekochten Wasser Kalk, Kali und Schwefelsäure enthalten sind, zuerste die Schwefelsäure an Kalk gebunden etc. – Es lässt sich jedoch nicht läugnen, dass hierbei einige Willkür im Spiele ist, und dass somit, je nach Art der Berechnung, aus denselben directen Ergebnissen verschiedene Berechnungsresultate erhalten werden können. –

Es wäre nun im Interesse der Sache, über die Art der Zusammensetzung sich zu verständigen, weil sonst die Vergleichung zweier Mineralwasser mit den grössten Schwierigkeiten verbunden ist; es lässt sich aber nicht erwarten, dass eine solche Vereinbarung bald erfolgen werde. Ehe dies geschehen, kann eine Vergleich nur mit den unmittelbaren Ergebnissen vorgenommen werden.

Mit diesen Vermutung, geschrieben 1887, sollte FRESENIUS Recht behalten. Erst zwei Jahrzehnte später, 1907, veröffentlichten Ernst Jacob HINTZ (1854-1934, Schwiegersohn von Remigius FRESENIUS, 1897 bis 1912 auch Mitinhaber des Chemischen Laboratoriums) zusammen mit Jacques-Leo GRÜNHUT (1863-1921), Nahrungsmittelchemiker, von 1895 bis 1918 Dozent und Abteilungsvorstand im Chemischen Laboratorium Fresenius, ihre grundlegende und bis heute gültige Arbeit über *Besondere Grundsätze für die Darstellung der chemischen Analysenergebnisse* im DEUSCHEN BÄDER-BUCH 1907.
Als „Grundlagen der Neuberechnung" nennen sie als
„a) Allgemeine Prinzipien.
Als Grundlage der Darstellung der Mineralwasseranalysen in diesem Buche ist das Prinzip angenommen, alle Bestandteile, die einer praktisch in Betracht kommenden elektrolytischen Dissoziation fähig sind, als Ionen, alle übrigen hingehen als Moleküle aufzuführen.

Bei den erforderlichen Umrechnungen älterer Analysen wurde nach Möglichkeit auf die Originalwägungszahlen zurückgegriffen. Wo diese nicht zu beschaffen waren, wurde, wenn irgend möglich, die Ausrechnungsform auf Oxyde und Säurenanhydride benutzt. Die Werte stehen zwar an Qualität hinter den Originalwägungszahlen zurück, weil sie als *umgerechnete* Werte einmal durch die benutzten Atomgewichte beeinflußt sind, und weil andererseits die Mög-lichkeit eines Rechenfehlers nicht ausgeschlossen ist. (...)"

In diesem Text werden zwei wichtige Gesichtspunkte zur korrekten Verwendung historischer Analysendaten angesprochen:
1. Die Bedeutung der *Wägung* als eine Absolutmethode.
2. Die Bedeutung der *Atomgewichte* bei der Umrechnung in Ionenkonzentrationen.
Heute wird stets einen *Ionenbilanz* (äquvalente Ionenkonzentrationen von Kationen und Anionen) zur Kontrolle der Richtigkeit durchgeführt.
Mit dem Erscheinen dieses *Deutschen Bäderbuches* von 1907 (2. Auflage erst 2008) war die IONENTABELLE geboren, wie wir sie heute auf den Etiketten der Mineralwasserflaschen kennen – mit den Angaben entweder in mg/l oder auch (wie usrpünglich) mg/kg.
Das folgende Beispiel zeigt zunächst die Originalseite aus der Publikation von FRESENIUS für die von ihm in seiner Abhandlung von 186$/66 beschriebenen Quelle in FACHINGEN an der Lahn, dann die Umrechnung der Daten im DEUTSCHEN BÄDERBUCH von 1907:

III. Zusammenstellung.

Das Fachinger Mineralwasser enthält:

a. die kohlensauren Salze als einfache Carbonate berechnet:

α. In wägbarer Menge vorhandene Bestandtheile:

	In 1000 Theilen.	Im Pfund = 7680 Gran.
Kohlensaures Natron	2,528883	19,421822
„ Lithion	0,004544	0,034898
„ Ammon	0,001357	0,010422
Kohlensauren Baryt	0,000246	0,001889
„ Strontian	0,003105	0,023847
„ Kalk	0,434230	3,334887
Kohlensaure Magnesia	0,378672	2,908201
Kohlensaures Eisenoxydul	0,003784	0,029061
„ Manganoxydul . . .	0,006343	0,048714
Chlorkalium	0,039764	0,305388
Chlornatrium	0,631975	4,853569
Bromnatrium	0,000243	0,001866
Jodnatrium	0,000009	0,000065
Schwefelsaures Kali	0,047854	0,367519
Borsaures Natron	0,000374	0,002872
Salpetersaures Natron	0,000963	0,007396
Kieselsäure	0,025499	0,195833
Summe . .	4,107845	31,548249
Kohlensäure, mit den Carbonaten zu Bicarbonaten verbundene . . .	1,447304	11,115295
Kohlensäure, völlig freie	1,780203	13,671959
Summe aller Bestandtheile: . .	7,335352	56,335503

β. In unwägbarer Menge vorhandene Bestandtheile:

Chlorrubidium, phosphorsaures Natron, Fluorcalcium, phosphorsaure Thonerde, kohlensaures Kobaltoxydul, kohlensaures Nickeloxydul, organische Substanzen, Stickgas.

Aus: Jahrbuch d. Nassauischen Vereins f. Naturkunde
1864/66, Bd. 19/20, S.488

Analyse (aus den Originalzahlen berechnet).

Analytiker: R. Fresenius. 1861[1].
Spezifisches Gewicht: 1,00282 bei 24°, bezogen auf Wasser von 4°.
Temperatur: 10,1 bis 11,2, im Mittel 10,7°.
Ergiebigkeit: wechselnd, je nach den Entnahmeverhältnissen.

In 1 Kilogramm des Mineralwassers sind enthalten:

Kationen[2].	Gramm	Milli-Mol	Milligramm-Äquivalente		Gramm	Milli-Mol	Milligramm-Äquivalente
Kalium-Ion (K')	0,04243	1,084	1,084	Jod-Ion (J')	0,000008	0,00007	0,00007
Natrium-Ion (Na')	1,348	58,50	58,50	Sulfat-Ion (SO₄'')	0,02631	0,2739	0,5479
Lithium-Ion (Li')	0,008853	0,1227	0,1227	Hydrokarbonat-Ion (HCO₃')	4,000	65,71	65,71
Ammonium-Ion (NH₄')	0,000519	0,0287	0,0287		6,121		77,02
Calcium-Ion (Ca'')	0,1740	4,338	8,676	Borsäure (meta) (HBO₂)	0,000355	0,0081	
Strontium-Ion (Sr'')	0,001843	0,0210	0,0421	Kieselsäure (meta) (H₂SiO₃)	0,03310	0,4222	
Baryum-Ion (Ba'')	0,000171	0,0012	0,0025		6,154	146,45	
Magnesium-Ion (Mg'')	0,1005	4,493	8,987	Freie Kohlensäure (CO₂)	1,784	40,54	
Ferro-Ion (Fe'')	0,001826	0,0327	0,0653		7,938	186,99	
Mangano-Ion (Mn'')	0,003031	0,0551	0,1102				
			77,62				
Anionen[2].							
Nitrat-Ion (NO₃')	0,000704	0,0113	0,0113				
Chlor-Ion (Cl')	0,4022	11,35	11,35				
Brom-Ion (Br')	0,000189	0,0024	0,0024				

Daneben Spuren von Rubidium-, Kobalt-, Nickel-, Aluminium-, Fluor-, Hydrophosphat-Ion, organischen Substanzen, freiem Stickstoff.

Gefrierpunkt: —0,135°. (Probe nicht identisch. Versandwasser). v. Kostkewicz.

[1] Jahrb. d. naturwiss. Vereins f. Naturkunde 1864/2880 Bd. 13/20 S. 28. [2] Vgl. oben, Einleitung Abschn. A.

Dieses Beispiel zeigt auch die zuvor genannte *IONENBILANZ*:
Kationen: 77,62 mÄquivalente
Anionen: 77,62 mÄquivalente

Borsäure und Kieselsäure werden als undissoziierte Stoffe angegeben.

Auch die *Elementspuren* werden genannt, wobei bereits *Bromid* und *Iodid* mit 189 bzw. 8 (!) Mikrogramm je Kilogramm (189 bzw. 9 ppb) zu dieser Gruppe zählen.

Nach den von FRESENIUS genannten Prinzipien von *Verwandtschaft* (starke Base mit starker Säure) sowie *Löslichkeit* könnte man dieses Mineralwasser aus folgenden Substanzen auch künstlich herstellen (ohne Spurenstoffe), wie die Angaben im Deutscher Bäderbuch auch vermitteln (in g):

Natriumchlorid 0,5994. Kaliumchlorid 0,08001, Ammoniumchlorid 0,001537, Natriumsulfat 0,03894, Kaliumnitrat 0,001148 – Natriumhydrogencarbonat 4,010, Calciumhydrogencarbonat 0,7033, Magnesiumhydrogen-carbonat 0,6577, Lithiumhydrogencarbonat 0,008351, Strontiumhydrogencarbonat 0,004410, Bariumhydrogen-carbonat 0,000322, Eisen(II)hydrogencarbonat 0,005813, Mangan(II)hydrogencarbonat 0,09756.

Zur Gesundbrunnen-Literatur
im 19. Jahrhundert

Die zunehmende Bedeutung der Mineralwässer für Trinkkuren und Bäder wird auch an den bereits seit der Mitte des 18. Jahrhunderts erscheinenden *systematischen Beschreibung von Gesundbrunnen* deutlich, weshalb hier die wichtigsten Werke und ihre Autoren genannt werden sollen. (Die genannten Bücher sind bereits digitalisiert worden.)

1768 veröffentlichte Johann Friedrich ZÜCKERT (1737-1778) veröffentlichte 1768 seine *Systematische Beschreibung aller Gesundbrunnen und Bäder Deutschlands* (2. Aufl. 1776). Er war zunächst Apotheker geworden, bevor er 1756 ein Studium der Medizin begann – zunächst an der Charité in Berlin, dann ab 1758 an der Universität Frankfurt an der Oder, wo er 1760 promovierte. Nach Forschungsreisen durch Deutschland ließ er sich Ende 1761 in Berlin nieder, wurde Mitglied des *Medicinisch-chirurgischen Obercollegiums* und betätigte sich als medizinischer Fachschriftsteller.

1793 erschien die *Allgemein Brunnenschrift für Brunnengäste und Aerzte. Nebst kurzer Beschreibung der berühmtesten Bäder und Gesundbrunnen Deutschlands* von Konrad Anton ZWIERLEIN (1755-1825). Er erhielt nach einem Studium der Medizin in Fulda und Heidelberg zunächst eine Professur an der Universität Heidelberg und wurde 1782 Brunnenarzt im Staatsbad Brückenau. Nach der Bildung des Großherzogtums Frankfurt 1810 wurde er zum Hofrat und Direktor des Sanitäts- und Medizinalcollegiums ernannt.

1798 gab Georg Friedrich Christian FUCHS (1750-1813) eine *Systematisch Beschreibung aller Gesundbrunnen und Bäder der bekannten Länder vorzüglich Deutschlands, sowohl nach ihrer physisch-chemischen Beschaffenheit als auch ihrem medicinischen Gebrauch. Für Aerzte und jeden, der eine Übersicht und Beschreibugn aller bis jetzt existirenden Bäder und Gesundbrunnen verlangt, von einigen Aerzten und Chemisten...* heraus. Fuchs bezeichnet sich als „öffentl. Lehrer der Arzneykunde", lehrte jedoch an der Universität Jena auch Chemie. Er gilt als früher Verteter der *antiphlogistischen*, d.h. neuen Chemie auf der Basis der Oxidation durch Sauerstoff. Er hatte sich 1776 an der Medizinischen Fakultät der Universität Jena habilitiert und wurde 1783 zum ao. Professor ernannt.

1815 veröffentlichte der noch heute bekannte Arzt Christoph Wilhelm HUFELAND (1762-1836), nach dem zahlreichen Kliniken ihren Namen haben, seine *Praktische Uebersicht der vorzüglichsten Heilquellen Teutschlands nach eigenen Erfahrungen* (2. Aufl. 1820). Der Sohn des Leibarztes der Herzogin-Witwe Anna Amalia in Weimar studierte Medizin ind Jena und Göttingen und übernahm nach der Promotion 1783 zunächst die Praxis seines allmählich erblindenden Vaters. 1792 hielt er in der von Goethe gegründeten „Freitagsgesellschaft" einen Vortrag „über die verschiedenen Mittel, seine Lebensdauer zu verlängern" – über „Makrobiotik". Daraufhin wurde er vom Herzog Carl August zum Professor an der Universität Jena ernannt. 1801 wurde er als königlicher Leibarzt der Familie Friedrich Wilehlms III. nach Berlin berufen und war dort als „Erster

Arzt" der Charité tätig. An der 1810 gegründeten Universität erhielt er die Professur für Spezielle Pathologie und Therapie. Aus seinem Werk werden im Kapitel 6 Auszüge zur TRINKKUR zitiert.

1834 gab der Schriftsteller, Statistiker und Historiker Leopold Freiherr von ZEDLITZ-Neukirch (1792-1864) sein *Balneographisches statistisch-historisches Hand- und Wörterbuch oder die Heilquellen und Gesundbrunnen Deutschlands...; ihre Lage, Besitzer, Einrichtungen, Eigenthümlichkeiten, Wirkungen, Lebensart, Vergnügungsörter, Theuerung oder Wohlfeilheit, ihre neueste Literatur und neuesten Analysen* in Leipzig heraus.

1839 erschien **Band** 1 (2. Aufl.) des Buches *Physikalisch-medicinische Darstellung der bekannten Heilquellen der vorzueglichsten Länder Europa's* von Emil OSANN (1787-1842). Er war der älteste Sohn des weimarischen Regierungsrates Friedrich Heinrich Gotthelf Osann (175-1823) und dessen Ehefrau Amalie Caroline Friederike geb. Hufeland (1766-1843), einer Schwester des Arztes Christoph Wilhelm Hufeland. Osann studierte Medizin in Jena und Göttingen, wo er 1809 promovierte. Er ließ sich als Arzt in Berlin nieder, wurde Assistenzarzt bei seinem Onkel Hufeland in dessen poliklinischem Institut. Ab 1814 war er ao. Professor für Physiologie an den medizinisch-chirurgischen Militäakademie. Nach der Habilitation 1815 wurde er 1818 ao. und 1825 o. Professor für Heilmittellehre und 1833 Nachfolger seines Onkels als Direktor des poliklinischen Instituts. Unter dem Einfluss von Hufeland beschäftigte er sich wissenschaftlich mit Heilquellen. Sein Hauptwerk gilt als das erste umfassende Werk der Balneologie.

Trink- und Mineralwasser-Analytik heute

Die schnelle Ionenanalyse heute wird mit Hilfe der instrumentellen *Ionenchromatogaphie* durchgeführt – s. folgende Abbildung mit Na, K, Ca, Mg, HCO$_3$, Cl, NO$_3$, SO$_4$:

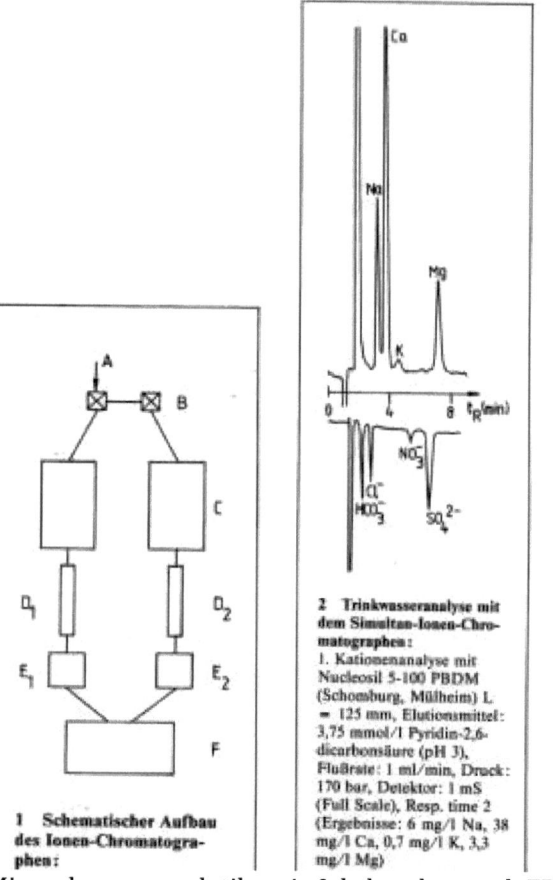

1   Schematischer Aufbau des Ionen-Chromatographen:

2   Trinkwasseranalyse mit dem Simultan-Ionen-Chromatographen:
1. Kationenanalyse mit Nucleosil 5-100 PBDM (Schomburg, Mülheim) L. – 125 mm, Elutionsmittel: 3,75 mmol/l Pyridin-2,6-dicarbonsäure (pH 3), Flußrate: 1 ml/min, Druck: 170 bar, Detektor: 1 mS (Full Scale), Resp. time 2 (Ergebnisse: 6 mg/l Na, 38 mg/l Ca, 0,7 mg/l K, 3,3 mg/l Mg)

Trink- und Mineralwasseranalytik – ein Jahrhundert nach FRESENIUS – mit einem simultanen Ionen-chromatographen (zwei-Trennsäulen – Bild links) – in 10 Minuten
(G. Schwedt u. B. Kondratjonok, LaborPraxis Mai 1988)

Benötigte FRESENIUS für seine bereits vor 150 Jahre sehr zuverlässige Untersuchung eines Mineralwassers in seinem Chemischen Laboratorium zu Wiesbaden auch mit mehreren Mitarbeitern mehrere Tage, so lassen sich heute die Konzentrationen der Hauptinhaltsstsoffe eines Trink- oder Mineralwassers in wenigen Minuten ermitteln – wobei der Kalibrierung eine wesentliche Rolle (vergleichbar mit der Zuverlässigkeit der Wägung damals) spielt.

3. Zur Entstehung von Mineralwässern – eine Einführung in die Geochemie

Chemiker und Geologen haben sich vor allem im 19. Jahrhundert mit der Frage nach der Entstehung von Mineralwässern beschäftigt. Als einer der Pioniere der GEOCHEMIE, die sich im 20. Jahrhundert zu einem eigenständigen Forschungs- und Lehrgebiet (u.a. an der Universität Göttingen) entwickelte gehört Gustav BISCHOF, bei dem auch FRESENIUS in Bonn studierte.

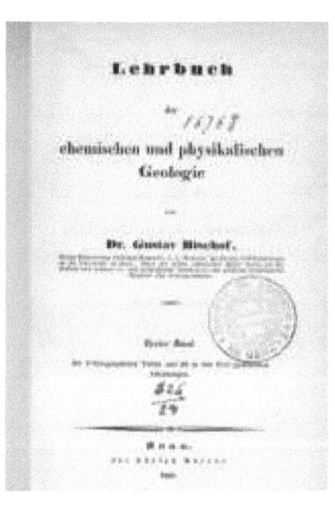

Karl Gustav Bischof (1792-1870)   und   sein Lehrbuch (1847)

„Karl Gustav BISCHOF wurde 1820 als zweiter, zunächst ao. Professor für Chemie und Technologie an die 1818 gegründete preußische Universität Bonn berufen. Nach dem Weggang von Karl Wilhelm Gottlob KASTNER, dem Lehrer von Liebig, nach Erlangen, erhielt er 1822 die o. Professur.

Damit war er bis zur Berufung des bedeutenden Chemikers und Entdeckers der ‚Benzolformel' August KEKULÉ von Stradonitz 1867 der einzige Vertreter des Faches Chemie an der Bonner Universität.

Unter den beschränkten Verhältnissen des Chemischen Laboratoriums im Poppelsdorfer Schloss konnte er keine große Schule für zukünftige Chemiker wie Liebig in Gießen entwickeln. Jedoch wurde er zum Pionier einer heute als interdisziplinär bezeichneten Wissenschaft – der GEOCHEMIE.

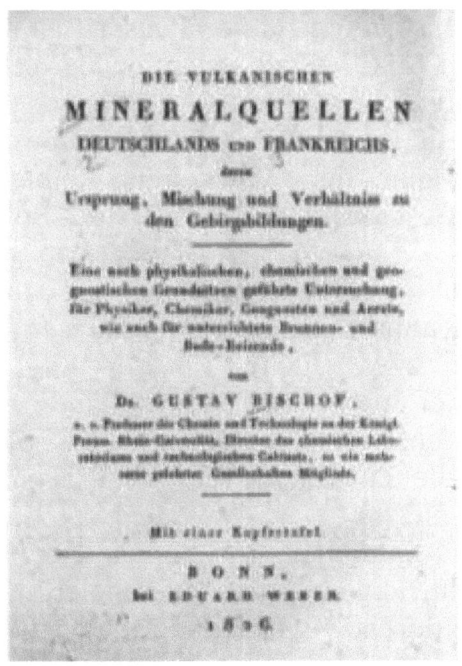

Er erforschte und analysierte zahlreiche Mineralwasser-quellen in der näheren Umgebung – u.a. von Roisdorf, in der

Eifel und rund um den Laacher See, an der Ahr, im Taunus (u.a. in Niederselters), auch in Lamscheid im Hunsrück und im heutigen Bad Lippspringe. Aus diesen Forschungen (...) entstand ein für die damalige Wissenschaft grundlegendes Lehrbuch der chemischen und physikalischen Geologie (1847 bis 1855 in Bonn erschienen). Bereits sein 1824 veröffentlichtes Werk über die vulkanischen Mineralquellen hatte in Fachkreisen ein „gerechtes Aufsehen" gefunden, wie ein Kollege aus der Geologie, Carl Wilhelm GÜMBEL, 1875 in der Allgemeinen Deutschen Biographie (ADB) schrieb. In der Erforschung der Geochemie zahlreicher Mineralquellen, von denen viele bis heute Mineralwasser liefern, liegt die Bedeutung von BISCHOF als einem erfolgreichem Vertreter der angewandten Chemie."
(Aus: G. Schwedt, Gustav Bischof – Professor der Universität Bonn, ein Pionier der Geochemie, Reihe Alma Mater. Beiträge zur Geschichte der Universität Bonn 108, Bonn 2017)

BISCHOF wies anhand zahlreicher Analysen nach, dass die Mineralwässer bzw. Quellen in der Eifel vulkanischen Ursprungs sind. Auch lässt sich anhand seiner umfang-reichen Arbeiten bereits vereinfacht das heute bekannte Wissen über die Entstehung der Mineralwässer wie folgt zusammenfassen:
Mineralwässer entstehen in einem langen, natürlichen Prozess, in dem Regenwasser über viele Jahre oder sogar Jahrhunderte durch verschiedene geologische Schichten sickert, dort in sehr komplexen Prozessen Mineralstoffe löst bzw. auch als Suspension mitführt, die in Kanälen oder Gesteinporen ausgefiltert werden, wobei auch elektrische Kräfte und Temperatureffekte eine Rolle spielen. In den

vulkanischen Kammern spielt das Kohlenstoffdioxid eine wesentliche Rolle, als Lösemittel vor allem der Erdalkalicarbonate und auch als Transportmittel. Auf diesen langen Wegen sammelt es sich schließlich unter einer zunächst undurchdringlichen Deckschicht, bis der Druck zu groß wird oder diese Deckschicht vom Menschen durchbohrt wird.

Nach diesen allgemeinen Angaben wird deutlich, dass Mineralwasser aus dem Wasserkreislauf stammt.

Die Geologie spielt verständlicherweise eine entscheidende Rolle im Hinblick auf die charakteristischen Inhaltsstoffe eines Mineralwassers:

Natrium-Chlorid-Wässer stammen aus Salzlagern. In ihnen kommen häufig auch höhere Bromid- und Iodid-Gehalte vor.

Schwefelwässer können vulkanischen Ursprungs sein; in den meisten Fällen ist der Gehalt an Schwefelwasserstoff jedoch auf Gipsvorkommen zurückzuführen. Organische Substanzen, wie im Moor und in Ölschiefern vorhanden, reduzieren die gelösten Sulfate zum Sulfid bzw. Schwefelwasserstoff.

Sulfatische Wässer sind wiederum auf Gips- bzw. Anhydritvorkommen zurückzuführen, über denen die Schichten organischer Materialien fehlen. Sie kommen jedoch selten in reiner Form vor; meist zeigen sich zahlreiche Übergänge zu den *Hydrogencarbonat-Wässern*. Bei den letzteren handelt es sich in der Regel um *Säuerlinge*, die auch freies Kohlenstoffdioxid enthalten und so meist vulkanischen Ursprungs sind.

Im DEUTSCHEN BÄDERBUCH (1907) schrieb K. Keilhack einleitend im Kapitel

Geologischer Teil,

aus dem auch in der Auflage von 2008 im Hinblick auf die regionale Verteilung der Quellen zitiert wird:

„An zahlreichen Stellen entspringen dem vaterländischen Boden entweder aus natürlichen Öffnungen oder aus Schichten, Stollen und Bohrlöchern Quellen, die teils durch ihre mineralischen oder gasförmigen Beimengungen, teils durch ihre erhöhte Temperatur oder durch beides den Charakter von Heilquellen besitzen. Wir begegnen ihnen sowohl in den ausgedehnten Flachländern des nördlichen und östlichen Deutschlands als auch im mitteldeutschen Hügellande, in den Mittelgebirgen und den deutschen Alpen. Sie brechen hervor aus Gesteinen aller Formationen, von den jüngsten Quartärbildungen bis zu den ältesten Gesteinen unserer Erdrinde, und sie finden sich in gleicher Weise an Sedimente wie an Eruptivgesteine geknüpft. Aber bei genauerer Betrachtung der geographischen Verbreitung ergeben sich alsbald gewisse Gesetzmäßigkeiten sowohl rücksichtlich der Häufigkeit als auch in der chemischen Zusammensetzung und der Temperatur. Sparsam nur begegnen sie uns in den von ausgedehnten Glacialschuttablagerungen erfüllten Gebieten Norddeutschlands. In auffälliger Häufung dagegen sehen wir sie an solchen Stellen unseres Vaterlandes, wo entweder in verhältnißmäßig wenig weit zurückliegenden Zeiten vulkanische Kräfte ihr Spiel trieben, oder wo größere Bruchlinien die Ränder unserer Gebirge begrenzen. Während der Mineralgehalt der im norddeutschen Flachland sich findenden Mineralquellen im wesentlichen Calcium-, Magnesium- und Eisen-Hydrokarbonat sowie auf Alkalichloride sich beschränkt, finden wir wieder andere Gegenden reich ausgestattet mit Quellen, in denen Kohlensäure und Karbonate, Sulfide oder Sulfate die wesentlichste Rolle spielen..."

Wenige Jahre nach dem Erscheinen des DEUTSCHEN BÄDERBUCHES veröffentlichte 1912 der Geologe Konrad KEILHACK (1858-1944), seit 1896 o. Professor an der damaligen Bergakademie Berlin (später TH, heute TU Berlin) sein Standardwerk „Lehrbuch der Grundwasser- und Quellenkunde" (3. Auflage noch 1935 erschienen).

Konrad Keilhack (1858-1944)

In diesem für lange Zeit grundlegendem Lehrbuch spiegelt sich auch die zuvor dargestellte Umstellung auf Ionen-konzentrationen. Ausführlich finden wir außerdem Dar-stellungen zur Herkunft „der in Mineralwässern enthaltenen

Salze und Gase", die hier gekürzt in ausgewählten Zitaten aus der Ausgabe von 1912 wiedergegeben werden.

Über die *festen, gelösten Bestandteile* ist zu u.a. zu lesen:
1. *C h l o r i d e, (...) finden sich zwar auch als vulkanische Sublimationsprodukte und Aushauchungen und spielen zweifellos unter den im Magma gelösten Salzen (...) eine wichtige Rolle, können demnach in vulkanischen Quellen auftreten. Der weitaus größte Teil der in den Mineralquellen enthaltenen Chlorverbindungen entstammt aber unzweifelhaft den in verschiedenen Sedimentformationen in außerordentlicher Menge sich findenden Lagern von Steinsalz (...).*
Mit *Chlorverbindungen* sind die Alkalichloride gemeint.
Und als Regionen werden genannt:
In ganz Nord- und Mitteldeutschland ist die älteste Salz liefernde Schichtengruppe diejenige des Mittleren und Oberen Zechsteins. Von Franken bis Schleswig-Holstein (...) ist die unterirdische Verbreitung der Steinsalzlager der Zechsteinformation an außerordentlich zahlreichen Stellen durch Bohrungen nachgewiesen worden.

2. *S u l f a t e. Für die Herkunft der Sulfate in den Mineralwässern darf man in allererster Reihe die zahlreichen Gipsvorkommnisse in Anspruch nehmen. Teils in ausgedehnten derben Lagern, teils in Schnüren, Knollen und Adern oder einzelnen ausgeschiedenen Kristallen findet sich der Gips in einer ganzen Anzahl unserer Sedimentärformationen. (...)*
    In den Gipslagern haben wir aber nicht die einzige Ursache des Schwefelsäuregehaltes [gemeint ist Sulfatgehalt, nicht die freie Schwefelsäure] *unserer Quellen zu erblicken. Hier kommt als zweiter wichtiger Faktor die leichte Zersetz-*

lichkeit gewisser Sulfide, nämlich des Doppelschwefeleisens [FeS$_2$] in Betracht, welcher als Schwefelkies, Pyrit oder Markasit in vielen, namentlich tonigen Gesteinen eine große Verbreitung in Form von Einzelkristallen, Knollen oder selbst Lagern besitzt.

3. S u l f i d e (...) sie entstammen zum größten Teile dem Gips, aus dem sie durch Einwirkung organischer Stoffe unter Verlust von Sauerstoff entstanden sind...

4. K(C) a r b o n a t e. Eine außerordentlich wichtige und weitverbreitete Gruppe der in den Mineralquellen auftretenden Salze bilden die Karbonate der Alkalien, der alkalischen Erden und des Eisens.

Am leichtesten zu verstehen ist der außerordentliche Reichtum an K a l z i u m karbonat, das nicht nur in zahlreichen Mineralquellen sich findet, sondern auch in den gewöhnlichen Trinkwässern eine weite Verbreitung besitzt, zu ihrem Wohlgeschmacke erheblich beiträgt und wesentlich die Eigenschaft des Wassers bedingt, die wir als „Härte" bezeichnen. Es leitet sich in einfacher und ungezwungener Weise ab aus den in zahlreichen Sedimentformationen in ungeheuren Massen sich findenen Kalksteinen und Mergeln. Das Kalziumcarbonat ist zwar in chemisch reinem Wasser sehr schwer löslich, leichter aber in einem Wasser, welches Kohlensäure enthält. Die von der Erdoberfläche in die Tiefe eindringenden Gewässer führen ausnahmslos eine wenn auch geringe Menge an Kohlensäure mit sich. Diese entstammt entweder der Atmosphäre, aus welcher das als Regen oder Schnee niederfallende Wasser sie aufnimmt, oder sie rührt aus der Zersetzung organischer Substanzen in den obersten Schichten der Erde her. Das in den Boden eindringende Wasser nimmt beim

Hindurchdringen durch die mit organischer Substanz mehr oder weniger versehenen obersten Erdschichten diese Kohlensäure in sich auf und vermag nun, mit ihr beladen, den Kalkstein anzugreifen und eine der mitgebrachten Kohlensäure entsprechende Menge von Kalziumkarbonat zu lösen. Die meisten Kalksteine sind nicht rein, sondern enthalten neben dem Kaziumkarbonat auch mehr oder weniger große Mengen an Magnesiumkarbonat, das in ganz gleicher Weise in Lösung übergeführt wird. Besonders solche Formationen, in denen wie im Keuper, Mitteleren Muschelkalk und Zechstein, Dolomite auftreten, liefern gewöhnlich auch magnesiumhaltige Wässer.

5. E i s e n. Außerordentlich mannigfachen Ursprungs ist der Eisengehalt des Grundwassers und der Mineralquellen. Unter den gesteinsbildenden Mineralien sind eine große Reihe von Silikaten reich an Eisenoxydul- und Eisenoxydverbindungen (...); ferner finden sich in zahlreichen Gesteinen, besonders solchen eruptiver Herkunft, in feiner Beimengung Partikelchen von Eisenerzen (...), und drittens finden sich Eisenverbindungen, zumeist in arm von Limonit und Brauneisenstein, in feinster Verteilung in den weitaus meisten kalkigen und tonigen Sedimentgesteinen. Die meisten eisenhaltigen Mineralien sind der Verwitterung in hohem Maße ausgesetzt. Das Eisen spaltet aus den Verbindungen ab und geht neue Verbindungen mit der im Wasser gelösten Kohlensäure oder Schwefelsäure ein, und so finden wir in außerordentlich zahlreichen Quellen einen mehr oder weniger großen Eisengehalt.

6. M a n g a n. Mit dem Eisen außerordentlich nahe verwandt ist das Mangan, und in den eisenhaltigen Mineralien finden sich fast immer kleinere oder größere Mengen von Mangan

mit dem Eisen vergesellschaftet, die gleichfalls in Lösung übergeführt und außerhalb der Quellen zusammen mit Eisen wieder abgeschieden werden.

Dieser Text wurde wörtlich zitiert, da er sich für einen Geologen vom Fach als außerordentlich verständlich erweist.

Die folgende Abbildungen zeigen die zuletzt genannten Ablagerungen aus Eisen- als Eisenocker – an einer der zahlreichen Eifelquellen bzw. an dem von FRESENIUS bereits 1850 untersuchten Kochbrunnen in Wiesbaden.

Eisenocker an der Quelle in Niederzissen/Eifel (Foto: Schwedt)

Der KOCHBRUNNEN in Wiesbaden (Foto: Schwedt)

FORTSETZUNG K. KEILHACK:

7. L i t h i u m, S t r o n t I u m, B a r y u m, P h o s p h a t e, B o r s ä u r e, A r s e n. *Die übrigen meist nur in Mineralquellen sich noch findenden Beimengungen spielen ihrer Menge nach eine untergeordnete Rolle, während sie andererseits in bezug auf die medizinische Wirkung oftmals von großer Bedeutung sind. Dahin gehören die Phosphate, die Salze von Lithium, Strontium, Baryum, die Arsenverbindungen und die Borsäure. Die letztere wird in den Mineralwässern als frei angesehen, sobald, was fast immer der Fall ist, merkliche Mengen freien Kohlendioxyds vorhanden sind. Die sorgsame*

Untersuchung der Gesteine hat gelehrt, daß in vielen von ihnen von allen diesen Elementen und sogar von noch viel selteneren, wie dem Cäsium und Rubidium, sich sehr häufig zum Teil sogar zahlenmäßig ausdrückbare Mengen finden...

8. K i e s e l s ä u r e. Heißes, alkalihaltiges Wasser vermag zahlreiche Silikate unter Bildung löslicher Kieselsäure zu zersetzen...

9. A m m o n i a k, S a l p e t e r s ä u r e und s a l p e t r i g e S ä u r e sind drei Verbindungen, die zwar im Wasser, wenn sie überhaupt vorhanden sind, nur in sehr geringen Mengen auftreten, aber nichtsdestoweniger von großer Bedeutung deshalb sind, weil sie das Wasser, in dem sie auftreten, verdächtig machen, mit menschlichen und tierischen Abfall- und Fäulnisprodukten in Berührung gekommen und dadurch als Genußmittel mehr oder weniger unbrauchbar geworden zu sein...

Als Beispiel für die Leistungsfähigkeit der heutigen instrumentellen Analytik sind im Folgenden die Daten für den KAISERBRUNNEN in Bad Homburg v. d. Höhe dargestellt, die FRESENIUS bereits 1861 untersuchte (Veröffentlichung 1863) – Daten aus dem Deutschen Bäderbuch 2008 in mg/l (Institut FRESENIUS 1997) – in eckigen Klammern die nach FRESENIUS umgerechneten Konzentrationen im Deutschen Bäderbuch von 1907 (mg/kg) – mit erstaunlich überwiegend guten Übereinstimmungen:

Natrium 2640 [2828] – Kalium 140 [132,1] – Ammonium 4 [5,156] – Magnesium 115 [121,2] – Calcium 596 [572,5] – Eisen 3,9 [11,3]– Mangan 0,84 [0,732] (Kationensumme 157,99 mval/l)

Fluorid 0,51 – Chlorid 4896 [5160] – Bromid 3,9 [0,209] – Iodid 0,93 [0,016] – Nitrat 24 – Hydrogencarbonat 1176 [1211] – Sulfat 18 [11,63] – Hydrogenphosphat 0,1 [0,345] – Hydrogearsenat 0,023 (Anionensumme 158,24 mval/l)

Undissoziierte Stoffe: Kieselsäure (H_2SiO_3) 17,9 [19,22] – Borsäure (HBO_2) 1,80

Gelöste Gase: Kohlenstoffdioxid 2000 [2770]

Elementspuren (als Spurenelemente, nur bestimmbare, angegeben) in Mikrogramm/l (µg/l):

Arsen 12 – Barium 640 [1106] – Kupfer 30 – Lithium 1800 [2497] – Molybdän 20 – Strontium 9700 – Zink 22.

(Als Spuren hatte FRESENIUS qualitativ folgende angegeben: *Daneben Spuren von Cäsium-, Rubidium-, Strontium-, Aluminium-, Nickel-, Kobalt-, Kupfer-, Fluor-, Hydroarsenat-, Hydroantimonat-Ion, Borsäure, organischen Substanzen, Stickstoff, Methan.*)

4. Einteilung von Mineralwässern nach ihren Inhaltsstoffen

Welche Bedeutung Mineralwässer bereits in der ersten Hälfte des 19. Jahrhunderts gehabt haben, bevor FRESENIUS mit seinen grundlegenden und umfassenden Untersuchungen begann, vermittelt auch der ausführliche Text in einer frühen BROCKAUS-Ausgabe, im

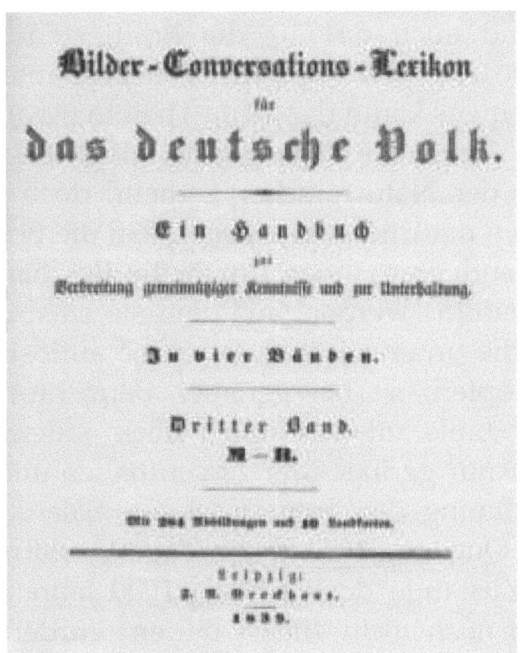

Mineralquellen und M i n e r a l w ä s s e r. Unter diesen Namen werden, obgleich alle Fluß- und Quellwasser mineralische und luftförmige Bestandtheile enthalten, doch nur solche Wässer verstanden, die daran reich genug sind, um kräftige arzneiliche Wirkungen hervorzubringen, wenn sie getrunken oder als Bäder angewendet werden. Daher erklären sich denn die Namen Heilquelle und Gesundbrunnen von selbst, sowie warum die blos bergmännisch benutzten Vitriol- und Cementwasser und Soolen nicht darunter begriffen sind. Mineralwässer kommen in allen gebirgigen Ländern häufig vor und das südl. und westl. Deutschland ist ebenfalls reich daran, für ärztliche Zwecke werden sie jedoch blos in den civilisirten Ländern und auch da nur die kräftigsten umfänglich benutzt, wie z. B. von den fast 100 bekannten Mineralquellen Böhmens kaum der achte Theil in besonderm Rufe steht. (…) Über die Entstehung derselben sind die Meinungen der Naturforscher getheilt, doch scheint die Annahme am natürlichsten zu sein, daß die Bestandtheile, welche sie enthalten, ihnen durch die Beschaffenheit des Bodens zugeführt werden, aus dem sie entspringen. Daß sich dabei die unterirdischen Vorräthe auflöslicher Stoffe nicht erschöpfen, ist bei genauer Betrachtung weniger überraschend, als auf den ersten Blick, indem sie davon doch immer nur geringe Mengen enthalten und z. B. nach einer Berechnung der größten Menge Salze, welche die karlsbader Quellen jährlich zu Tage fördern, diese im trockenen Zustande doch binnen 1000 Jahren nur einen Würfel von noch nicht 400 F. bilden würden, was dem Maßstabe der Natur gegenüber wenig bedeutet. Die heißen Mineralquellen stehen jedenfalls mit unterirdischen, vulkanischen Herden in Verbindung, worauf auch die Veränderungen und auffallenden Erscheinungen hindeuten, welche während oft sehr entfernter Erdbeben und wichtiger vulkanischer Ausbrüche an mehren beobachtet worden sind. Unterschieden werden die Mineralquellen zuvörderst nach ihrer Temperatur in kalte und warme, welche letztere man auch nach den Lateinischen T h e r m e n nennt; außerdem ordnet man sie aber nach den vorzugsweise darin enthaltenen Bestandtheilen. So heißen diejenigen S ä u e r l i n g e, in dem freie Kohlensäure (kohlensaures Gas) der vorherrschende Bestandtheil ist, wie z. B. in den berühmten Quellen von Selters, Geilnau, Fachingen und Bilin;

Ausschnitte von zwei Werbeblättern um 1900

E i s e n- oder S t a h l w ä s s e r enthalten Eisen in großer Menge und haben einen zusammenziehenden, tintenartigen Geschmack; in den S c h w e f e l w ä s s e r n ist vorzugsweise Schwefelwasserstoffgas enthalten, sie zeichnen sich durch eine schwache, bläuliche Färbung und einen, dem verdorbener Eier ähnlichen Geruch aus und sind theils warm, theils mehr kühl; einen mehr oder weniger laugenhaften Geschmack besitzen die meist warmen a l k a l i s c h e n Mineralwässer, in denen kohlensaures Natron, gewöhnlich auch kohlensaures Gas, vorwaltende Bestandtheile sind und zu denen Teplitz, Karlsbad, Gastein, Ems, Schlangenbad und andere gehören; den B i t t e r w a s s e r n gibt Bittersalz oder schwefelsaure Magnesia einen auffallend bitteren Geschmack; in den S o o l q u e l l e n endlich ist hauptsächlich Kochsalz enthalten."

Der bereits im vorigen Kapitel zitierte K. KEILHACK teilte die Mineralquelle wie folgt ein – und bezieht sich damit auf HINTZ und GRÜNHUT im Deutschen Bäderbuch von 1907:

I.   Einfache kalte Quellen
II.   Einfach warme Quellen
III.   Einfache Säuerlinge
IV.   Erdige Säuerlinge
V.   Alkalische Quellen
VI.   Kochsalzquellen
VII.   Bitterquellen
VIII.   Eisenquellen
IX.   Schwefelquellen

Die Definitionen lauten (verkürzt):
I. E i n f a c h e   k a l t e   Q u e l l e n sind Quellen von gleichbleibender (...) 20° nicht übersteigender Temperatur und von gleichbleibender chemische Zusammensetzung, arm an freiem Kohlendioxid und an gelösten festen Bestand-

teilen. In 1kg des Wassers beträgt die Menge des freien Kohlendioxids weniger als 1 g, die der gelösten Bestandteile ebenfalls weniger als 1 g. Sie stehen dem gewöhnlichen Brunnenwässern am nächsten;...

(Als Beispiel nennt KEILHACK u.a. die auch von FRESENIUS untersuchten Quellen *Bernhard* und *Johann Georg* in Bad Tölz, die nach W. Carlé als „jod- und schwefelhaltige Wässer mit 7,5 °C" bezeichnet werden.)

II. E i n f a c h e   w a r m e   Q u e l l e n   sind Quellen von gleichbleibender, 20 ° übersteigender Temperatur, arm an freiem Kohlendioxid und an gelösten festen Bestandteilen...

(Beispiele: Warmbrunn mit bis zu 43 °C, Schlangenbad 31,0-28,0 °C – oder auch Bodendorf an der Ahr mit 32,0 °C, Kochbrunnen in Wiesbaden mit 65,3 °C)

III. E i n f a c h e   S ä u e r l I n g e   sind reich an freiem Kohlendioxid, wovon sie mehr al 1 g, und arm an gelösten festen Bestandteilen, von denen sie weniger als 1 g in 1 kg des Wassers enthalten.

(Beispiel: Bad Brückenauer König-Ludwig-Quelle)

IV. E r d i g e   S ä u e r l i n g e   enthalten in 1 kg des Wassers mehr als 1 g freies Kohlendioxid und mehr als 1 g gelöste feste Bestandteile, unter deren Anionen die Hydrogen-carbonat-Anionen, unter deren Kationen die Calcium- und Magnesium-Ionen vorherrschen.

(Heute werden sie – Beispiel Gerolstein, stellvertretend für viele Mineralwässer aus der Eifel – als *Natrium-Calcium-Magnesium-Hydrogencarbonat-Säuerlinge* bezeichnet.)

V. **A l k a l i s c h e   Q u e l l e n** enthalten in 1 kg Wasser mehr als 1 g gelöste feste Bestandteile, unter deren Anionen die Hydrogencarbonat-Ionen, unter deren Kationen die Alkali-Ionen vorherrschen.

(Hier finden wir bei K. KEILHACK einen Hinweis, der im Kapitel 8 experimentell umgesetzt wird:

„Wird ein solches Wasser **g e k o c h t**, so gehen unter Entbindung von Kohlendioxyd die Hydrokarbonat-Ionen in Karbonat-Ionen über, die zum Teil mit den Erdalkali-Ionen zu Niederschlägen zusammentreten: dabei bleibt aber ein Überschuß von Karbonat-Ionen, der durch Hydrolyse eine gewisse Menge Hydroxyl-Ionen, d.h. **a l k a l i s c h e   R e a k – t i o n** des Wassers entstehen läßt.")

Weiter heisst es:

„Je nachdem der Gehalt an Chlor- oder Sulfat- oder Erdalkali-Ionen mehr in den Vordergrund tritt, spricht man im Gegensatz zu den **r e i n   a l k a l i s c h e n** von **a k a l i s c h - m u r i a t i s c h e n**, **a l k a l i s c h - s a l i n i s c h e n**, **a l k a - l i s c h - m u r i a t i s c h - s a l i n i s c h e n** oder **a l k a l i s c h - e r d i g t e n** Quellen."

Es folgen auch heute noch bekannte Namen:
„Apollinarisbrunnen, Bertrich, Birresborn, Daun [beide in der Eifel], Ems, Fachingen, Gerolstein, Namedy, Neuenahr, Nieder- und Oberselters, Salzbrunn."

Oberbrunnen (1881 von C. R. FRESENIUS untersucht) und Kronen-Quelle (Bad Salzbrunn – heute Szczawno Zdroj°): Natrium-Hydrogencarbonat-Säuerling)

VI. K o c h s a l z q u e l l e n (muriatische Quellen) enthalten in 1kg des Wassers mehr als 1 g gelöste feste Bestandteile, unter deren Anionen die Chlorid-Ionen, unter deren Kationen die Natrium-Ionen bei weitem überwiegen. (...)
(Wie auch unter V. erfolgt hier noch eine Unterteilung in alkalische, salinische oder alkalisch-salinische Kochsalz-quellen.)

An bekannten Namen werden u.a. genannt:
Harzburg, Kissingen, Kreuznach*, Nauheim, Oeynhausen, Reichenhall, Soden am Taunus*, Wiesbaden*
*von C. R: FRESENIUS untersucht

Damit die Kehle auch nicht rostet,
Herr Klapperich mit Sole prostet

Und stört bedacht auf sein Gedeihen
Ein Liebespaar im schönsten Maien.

(Untersuchungen auch von FRESENIUS – 1893 Elisabeth- und die
Victoriaquelle in Bad Kreuznach)

VII. B i t t e r q u e l l e n enthalten in 1 kg des mehr als 1 g
gelöste feste Bestandteile, unter deren Anionen die Sulfat-
Ionen vorwalten. (...)

Eine Unterscheidung sulfathaltiger Quellen findet nach den
hauptsächlichen Kationen-Gehalten und zusätzlich nach dem
Chlorid-Gehalt (salinische Bitterquellen) statt.
Es gibt somit Bitterquellen bzw. sulfathaltige Quellen, die
anstelle von Magnesium vor allem Calcium (aus Calcium-
sulfat-Schichten) enthalten
Als Beispiel werden u.a. Lippspringe und Mergentheim
(Wilhelmsquelle   als   Natrium-Calcium-Sulfat-Chlorid-
Mineralwasser = salinische Sulfat-Quelle) genannt.

Liborius-Quelle in Bad Lippspringe:
Calcium-Sulfat-Hydrogencarbonat-Thermalquelle

VIII. E I s e n q u e l l e n sind im allgemeinen solche Quellen, die mehr als 0,010 g Ferro- [Fe(II)-] oder Ferri-Ionen [Fe(III)-] in 1 kg des Wassers enthalten, und für welche es dargetan ist, daß die auffälligste Wirkung durch den Eisengehalt verursacht wird.

Enthält das Wasser Sulfat-Ionen, aber keine Hydrokarbonat-Ionen(...), so spricht man von V i t r i o l – q u e l l e n.

Enthält das Wasser Hydrokarbonat-Ionen oder Ferro-Ionen, so spricht man von E i s e n k a r b o n a t q u e l l e n (bisher vielfach „S t a h l q u e l l e n" genannt.

Überschreitet die Menge des freien Kohlendioxyds 1 g in 1 kg des Wassers (wie es bei den Eisenkarbonatquellen meist der Fall ist), so spricht man von E i s e n s ä u e r l i n g e n.

Als Beispiel nennt K. Keilhack u.a. PYRMONT.

Helenenquelle in Bad Pyrmont:
eisenhaltiger Calcium-Magnesium-Sulfat-Hydrogencarbonat-Säuerling
(1864 von C. R. FRESENIUS analysiert)

IX. S c h w e f e l q u e l l e n sind solche Quellen, die Hydro[gen]sulfid-Ionen, gegebenenfalls daneben auch freien Schwefelwasserstoff enthalten, und für welche es dargetan ist, daß ihre auffälligste Wirkung durch den Gehalt an diesen Bestandteilen verursacht wird.

Als Beispiele werden Aachen und Nenndorf genannt.

Brunnentempel in Bad Nenndorf
(Gewölbequelle: schwefelhaltiges Calcium-Sulfat-Mineralwasser)

Für die Einteilung von Mineralwässern werden heute – wie die Beispiele gezeigt haben – die charakteristischen Inhaltsstoffe in der Reihenfolge ihrer Konzentrationen verwendet.

Im Allgemeinen gilt für natürliches Mineralwasser, Quellwasser und Tafelwasser in Deutschland die erstmals am 1. August 1984 veröffentlichte

Mineral- und Tafelwasser-Verordnung (MTV)

(zuletzt geändert am 5.7.2017).

Darin wird in § 2 der Begriff *natürliches Mineralwasser* wie folgt definiert:

„1. Es hat seinen Ursprung in unterirdischen, von Verunreinigungen geschützten Wasservorkommen und wird aus einer oder mehreren natürlichen oder künstlich erschlossenen Quellen gewonnen;

2. es ist von ursprünglicher Reinheit und gekennzeichnet durch seinen Gehalt an Mineralien, Spurenelementen oder sonstigen Bestandteilen und gegebenenfalls durch bestimmte, insbesondere ernährungsphysiologische Wirkungen;

3. seine Zusammensetzung, seine Temperatur und seine übrigen wesentlichen Merkmale bleiben im Rahmen natürlicher Schwankungen konstant, durch Schwankungen in der Schüttung werden sie nicht verändert."

Nach der MTV gilt, dass ein Mineralwasser als *naürliches Mineralwasser* nur in den Verkehr gebracht werden darf, wenn es amtlich anerkannt ist, wofür die zuvor zitierten Voraussetzungen erfüllt sein müssen
„und dies unter
1. geologischen und hydrologische,
2. physikalisch, physikalisch-chemischen und chemischen,
3. mikrobiologischen und hygienischen sowie
4. bei Wässern mit weniger als 1.000 Milligramm gelöster Mineralstoffe oder weniger als 250 Milligramm freien Kohlendioxids in einem Liter gegebenenfalls zusätzlich unter ernährungsphysiologischen oder sonstigen Gesichtspunkten mit wissenschaftlich anerkannten Verfahren überprüft worden ist."
Mineralwässer sind *Lebensmittel*, deren Kennzeichnung ebenfalls vorgeschrieben ist.
Für *natürliche Mineralwässer* existieren folgende so genannte *Verkehrsbezeichnungen* bzw. Kennzeichnungen:
- „natürliches kohlensäurehaltiges Mineralwasser" (Abfüllung mit dem naürlichen Mineralwasser-Gehalt an Quellkohlensäure)

- *„natürliches Mineralwasser mit eigener Quellkohlen-säure versetzt"* (Gehalt an Kohlendioxid stammt aus dem gleichen Quellvorkommen, Gehalt höher als am Quellaustritt)
- *„natürliches Mineralwasser mit Kohlensäure versetzt"* (Kohlendioxid hat eine andere Herkunft als das Quellvorkommen, aus dem das Wasser stammt)
- *Säuerling* oder *Sauerbrunnen* (stammt aus einer natürlichen oder künstlich erschlossenen Quelle mit mehr als 250 Milligramm Kohlendioxid in einem Liter Mineralwasser)
- *Sprudel* (auch für Säuerlinge erlaubt, außerdem auch für ein unter Kohlendioxidzusatz abgefülltes Mineralwasser)

Stilles Wasser ist die handelsübliche Bezeichnugn für nicht sprudelndes Wasser (Kohlendioxidgehalt bis etwa 300 mg/l)

Tafelwasser ist ein „künstliches Mineralwasser" – aus Trinkwasser und eventuellen Zusätzen an Mineralstoffen.

Sodawasser ist ebenfalls ein Tafelwasser, da mindestens 570 Milligramm an Hydrogencarbonat (als Natron = Natrium-hydrogencarbonat) enthält.

Heilwasser ist ein natürlich vorkommendes Grundwasser aus einem unterirdischen Wasservorkommen, das direkt am Quellort abgefüllt wird. Es muss einen bestimmten (charak-teristischen) Gehalt an Mineralstoffen und Spurenelementen aufweisen und unterliegt dem *Arzneimittelgesetz*, d.h. es muss auch aufgrund seiner wissenschaftlich nachge-wiesenen Wirkungen amtlich zugelassen sein.

Heute werden unter der Bezeichnung WASSERTYP die Inhaltsstoffe in der Reihenfolge der Höhe ihrer Konzentration (ihres Anteils an den Mineralstoffen) aufgeführt, wobei sie jeweils mehr als 20 Prozent des Kationen- und Anionenanteils aufweisen müssen – Beispiele für einige Kombinationen:

Mineralwässer aus Kalkschichten:
- Natrium-Calcium-Hydrogencarbonat
- Calcium-Natrium-Hydrogencarbonat
- Calcium-Magnesium-Hydrogencarbonat

Mineralwässer aus Kochsalzlagern:
- Natrium-Calcium-Chlorid
- Calcium-Natrium-Chlorid
- Natrium-Calcium-Magnesium-Chlorid

Mineralwässer aus Gipsschichten:
- Natrium-Sulfat
- Calcium-Natrium-Sulfat
- Calcium-Sulfat

In Kombination mit der Bezeichnung *Säuerling* werden sie für diejenigen Mineralwässer verwendet, die über 250 mg/l an Kohlendioxid in der Quelle (nicht erst bei der Abfüllung) enthalten.

Weitere Kennzeichen sind hohe Fluorid-Gehalte mit der Bezeichnung:

z.B. „Fluoridhaltiger Calcium-Natrium-Hydrogencarbonat-Sulfat-Säuerling".

5. Ausgewählte Mineralwasser-Marken in Deutschland mit Geschichte

In ihrem lesenswerten Buch „Mineralwasser. Die besten Marken der Welt" schreiben die englischen Autoren Maureen und Timothy Green 1985 (dtsch. Übersetzung Bucher, München und Luzern 1987) einleitend zu den Mineralwässern in der (damaligen!) Bundesrepublik Deutschland:

„Deutschland ist mit dichten Wäldern und sprudelnden Wasserläufen gesegnet. Schon in vorgeschichtlicher Zeit und zur Zeit der Römer hat es um Mineralquellen wie Fachingen und Gerolstein menschliche Ansiedlungen gegeben, sicherlich wegen des reichlich verfügbaren gesunden Wassers..." – beide werden im Folgenden ausführlicher vorgestellt.

Und weiter ist zu lesen:
„Heute liefert eine große Industrie den deutschen Familien dieses Wasser ins Haus..." (1985 wird der Pro-Kopf-Verbrauch noch mit 52 Litern im Jahre, heute mit fast 190 Litern angegeben – s. Einleitung)
Als besonderes Kennzeichen des bundesdeutschen Marktes stellen die Autoren fest, dass er *stark regional, ja fast örtlich gebunden* sei, was aus ökologischer und ökonomischer Sicht nur zu begrüßen ist. Und sie schrieben:
„Nur zwei Mineralwässer gibt es in ganz Deutschland zu kaufen: Apollinaris und Fachinger; Apollinaris ist seit über einem Jahrhundert weltweit im Handel. Auch Gerolsteiner Sprudel und Überkinger streben für einige ihrer Produkte

landesweiten Verkauf an. Typisch war aber zum Beispiel die Aussage bei Hassia-Luisenquelle in Hessen, daß dieses Wasser in einem Umkreis von etwa hundertsechszig Kilometern um die Quelle verkauft wird. Der Franken-Brunnen bei Nürnberg ist mit dem Absatzgebiet Zentralbayern zufrieden."

Dazu stellen die Autoren fest:
„Für diesen regionalen Charakter des Marktes bieten sich zwei Erklärungen an: Erstens aus der deutschen Geschichte, während der sich nie ein Nationalcharakter wie etwa in Frankreich ausprägen konnte (...); zweitens der deutsche Verbraucher, der zu den kostenbewußtesten der Welt zählt. Da es keine Preisbindung gibt, wird das Wasser so teuer verkauft, wie es der Markt zuläßt. (...).. die nächstgelegene Quelle ist naturgemäß die billigste."

Die genannten und einige andere Mineralwasser-Marken, vor allem auch diejenigen, welche C. Remigius FRESENIUS bereits im 19. Jahrhundert untersucht hat, werden im folgenden Kapitel näher mit ihrer Historie vorgestellt – nach einer nach Regionen erfolgten Übersicht „Wasser-Deutschland" mit sieben Brunnengebieten (nach Verband Deutscher Mineralbrunnen e.V.):
Norddeutschland – Nordrhein-Westfalen – Rhein/Eifel/Saar – Hessen – Ostdeutschland – Südwestdeutschland – Bayern.

Amtlich anerkannt sind in der Bundesrepublik Deutschland insgesamt (Stand 2016) 821 Quellen, von denen jedoch nur ein kleinerer Teil auch vermarktet wird.

NORDDEUTSCHLAND

Im norddeutschen Tiefland kommen nur wenige Mineralquellen vor, die vor allem erst vor wenigen Jahrzehnten
erbohrt wurden.
Die bekanntesten Mineralwässer aus diesem Brunnengebiet
sind:

FÜRST BISMARCK QUELLE

Sie ist die nördlichste der so genannten *Blauen Quellen* (s.
unter RHENS am Rhein) und liegt im Sachsenwald bei
Aumühle nördlich von Hamburg, welche Fürst Bismarck von
Kaiser Wilhelm I. 1871 (nach der Reichsgründung) ge-
schenkt bekam. Bismarck soll die Quelle 1891 auch entdeckt
haben. Sie gehört nicht der Familie Bismarck, die jedoch
Pacht und Tantiemen für Grund und Namen erhält.
(Mineralstoffe mg/l. Natrium 14 – Calcium 79 – Magnesium
5 – Chlorid 22 – Sulfat 53 – Hydrogencarbonat 206)

BAD PYRMONTER

Die Pyrmonter Mineral- und Heilquellen wurden erstmals
um 1370 erwähnt. 1556 ereignete sich das so genannte
Wundergeläuf, als Tausende von Menschen aus ganz Europa
an die Heilquellen kamen. In der zweiten Hälfte des 17.
Jahrhunderts entwickelte sich ein Kurort um den Hylligen
Born und den Brodelbrunnen. Mineralstoffreiche Säuerlinge
wurden erst später entdeckt – so der Bergsäuerling 1717
und 1844 die sehr ergiebige Helenenquelle – s. auch in Kap.
4. Bad Pyrmont wird heute als das „Tal der sprudelnden
Quellen" bezeichnet, in dem am Bomberghang die natürlich
sprudelnden   Calcium-Magnesium-Chlorid-Säuerlinge   zu
Tage treten. In der Flussniederung der Emmer werden die

Natrium-Chlorid-Säuerlinge und Sole gefördert. FRESENIUS untersuchte 1864 den Brodelbrunnen, die Hauptquelle und den Helenenbrunnen. Seit dem 18. Jahrhundert wurde das Wasser auch in das Ausland verschickt. Das heute auf dem Markt befindliche "Natürliche Mineralwasser" stammt aus einer Bohrung von 1985.

(Mineralstoffe mg/l: Natrium 5 – Kalium 1 – Calcium 51 – Magnesium 24 – Chlorid 13 – Sulfat 14 – Hydrogencarbonat 247)

HARZER GRAUHOF (Goslar)

In der Geschichte der Harzer Grauhof Brunnen AG, die zu den *Blauen Quellen* zählte, ist der *„bekannte Balneologe Geh. Hofrat Dr. Fresenius aus Wiesbaden"* genannt, der 1875 das Wasser aus der neu erbohrten Quelle am Harzrand in Goslar untersuchte. Er sei mit der Erstellung eines Gutachtens beauftragt worden und habe festgestellt, „dass dieses Wasser ‚einen sehr hübschen Säuerling präsentiere'. Mit einer genauen Analyse bestätigte er deren Verwendbarkeit und die hervorragende Qualität. Das war für den norddeutschen Raum eine Sensation, denn bis dahin war hier noch kein derartiges Mineralwasser erschlossen worden. Die Historie wird im *Grauhof Brunnen-Museum* gezeigt.

(Mineralstoffe mg/l: Natrium 16 – Calcium 116 – Magnesium 10 – Chlorid 32 – Sulfat 64 – Hydrogencarbonat 305)

VILSA

Das Mineralwasser aus dem Vilsa-Brunnen in Bruchhausen-Vilsen südlich von Bremen unter einer mächtigen Tonschicht wurde bereits 1909 erschlossen. Das Familienunternehmen O. Rodekohr (seit 1928) bietet auch eine Betriebsbesichtigung an.

(Mineralstoffe mg/l: Natrium 19 – Kalium 2 – Calcium 61 – Magnesium 4 – Chlorid 22 – Sulfat 22 – Hydrogencarbonat 196)

NORDRHEIN-WESTFALEN

Dieses Brunnengebiet erstreckt sich zunächst nur bis Bonn. Südlich davon schließt sich das Brunnengebiet Rhein/Eifel/Saar mit zahlreichen Quellen und Mineral-wasser-Betrieben an.

BAD DRIBURGER

1865 untersuchte FRESENIUS die „Hauptquelle" und die „Trinkquelle zu Driburg", 1888 die „Caspar-Heinrich-Quelle". Die Driburger Mineralquellen wurden 1627 erstmals kartographsch erfasst und aus dem Jahr 1757 stammt eine erste „gründliche Beschreibung". Seit 1781 ist das heutige Kurgebiet mit seinen Quellen im Besitz der Familie von Graf von Sierstorp. Aus den Quellen stammen mehrere Mineral- und Heilwässer – u.a. das *Bad Driburger Mineralwasser* (Mineralstoffe in mg/l: Natrium 4, Kalium 4, Calcium 171, Magnesium 37, Chlorid 9, Sulfat 313, Hydrogencarbonat 333 – ein Calcium-Sulfat-Hydrogencarbonat-Mineralwasser) und das *Caspar-Heinrich-Quelle Heilwasser* (Natrium 24, Kalium 3, Calcium 281, Magnesium 83, Chlorid 38, Sulfat 104, Hydrogencarbonat 1125).

ROISDORFER

Anhand von Münzfunden wird die frühe Nutzung heilkräftiger Mineralquellen an diesem Ort bei Bonn auf die Zeit der Römer ab etwa 100 n. Chr. datiert. Aus einer

Urkunde von 1445 geht hervor, dass der *Sure Born* zu den Gütern des Grafen Johann von Salm gehörte, die er durch Heirat mit der Erbtochter Maria von Wevelinghoven zu Alfter erworben hatte. Als „Entdecker" des Roisdorfer Brunnens gilt der Medizinstudent Franz Wilhelm KAUHLEN (1750-1793) genannt, der 1774 über die Mineralien und gesundheitliche Bedeutung der Roisdorfer Quelle an der damaligen königlich-brandenburgischen Universität zu Duisburg promovierte und später als Professor an der kurfürstlichen Akademie zu Bonn wirkte. 1816 untersuchte auch der Bonner Chemiker Gustav BISCHOF die Mineralquellen zu Roisdorf.

(Die weitere Geschichte des Unternehmens ist ausführlich auf der Webseite www.roisdorfer.de dargestellt.)

Das heutige *Roisdorfer Original* wird als Natrium-Chlorid-Hydrogencarbonat-Säuerling bezeichnet – mit folgenden Ionenkonzentrationen, die übrigens gut mit den 1928 vom LABORATORIUM FRESENIUS in Wiesbaden ermittelten Daten (CARLÉ S. 74) übereinstimmen (mg/l):

Natrium 1240, Kalium 50, Magnesium 89, Calcium 115, Fluorid 0,4, Chlorid 1130, Sulfat 381, Hydrogencarbonat 1750.

RHEIN/EIFEL/SAAR

Die Region südlich von Bonn, vor allem die Eifel und der angrenzende Teil des Rheines sowie der Ahr, weist besonders viele Mineralquellen vulkanischen Ursprungs auf, von denen viele auch von Remigius FRESENIUS untersucht wurden. Er musste sich in der Regel mit einer Kutsche dorthin begeben, wie eine Zeichnung im Quellenhäuschen von Birresborn bei Gerolstein verrät.

Darstellung zu FRESENIUS im Birresborner Linden-Brunnen

Der Brunnen und das Brunnenhaus bei Birresborn in der Eifel

An der AHR: APOLLINARIS

GEORG KREUZBERG
AHRWEILER
RHEINPREUSSEN

Die Geschichte dieses bekannten Mineralwassers beginnt mit dem Kaufmann und Winzer Georg Kreuzberg (1795-1873), der selbst darüber berichtete:

„Zufällig führte mich im Jahre 1851 die Anlage eines Weinberges auf die Entdeckung einer Sauerquelle. Dies veranlaßte mich, den Herrn Geh. Bergrat Gustav Bischof, Professor der Chemie in Bonn, zu einer lokalen Besichtigung und Prüfung dieser neuen Mineralquelle einzuladen."

Am 3. Januar 1852 erwarb Kreuzberg in einer öffentlichen Versteigerung von der damaligen Gemeinde Wadenheim (heute Bad Neuenahr) eine als Viehweide bezeichnete, langgestreckte, sehr schmale Parzelle längs der Gemarkungsgrenze mit Heimersheim mit der Verpflichtung, im Laufe dieses Jahres auf dem Grundstück selbst nach einer Mineralquelle zu graben, und insofern das vorfindliche Wasser nach dem Urteil von Fachkennern als gut befunden, eine Mineralbrunnen-Anlage aufzuführen.

Das Mineralwasser wurde zunächst in Tonkrüge abgefüllt. Kreuzberg gab dem neuen Mineralwasser den Namen

Apollinaris nach dem Schutzheiligen des Weines Apollinaris von Ravenna. In Kölner Geschäften pries er sein Mineralwasser als *angenehmen und billigen Labetrunk im Sommer*, der durch Zugabe von Wein und Zucker besonders schmackhaft zu machen sei. In einer Zeitungswerbung von 1857 wies Kreuzberg Exporteure auf seinen guten Absatz sogar in Brasilien und Niederländisch-Indien hin. Seine Kinder führten das Unternehmen weiter und wandelten es 1876 in die Actiengesellschaft Apollinarisbrunnen, vorm. Georg Kreuzberg" um. 1874 hatte Eduard Steinkopff, ein nach London ausgewanderter Deutscher aus Mecklenburg, die Rechte für den Verkauf in einigen Ländern außerhalb von Deutschland erhalten. 1878 übernahm er das gesamte Exportgeschäft und in Lodnon wurde eine Vertriebsgesellschaft unter dem Firmennamen *Apollinaris Company Ltd.* gegründet.

Werbung um 1910

Sie übernahm 1896 alle Aktien der Familien-AG und baute das Versandgeschäft weiter aus. Bereits 1895 meldete

Apollinaris das rote Dreieck und den Slogan „*The Queen of Table Waters*" als Warenzeichen an.

Verladung von *Apollinaris* auf Rheinschiffe (2. Hälfte 19. Jahrhundert)

Im zwanzigsten Jahrhundert traten wesentliche Änderungen im Unternehmen ein. 1907 wurde die Apollinaris-Flaschenfabrik in Sinzig am Rhein eingerichtet, um sich vom Flaschensyndikat unabhängig zu machen. Im Jahr des 100-jährigen Jubiläums der „Apollinaris Brunnen Actiengesellschaft" 1953 wurde eine Abfüllung von 18.000 Flaschen pro Stunde erreicht. 1956 erwarb die Dortmunder Union-Schultheiß Brauerei AG alle Anteile der Firma, 1991 folgte die Gründung eines Joint Ventures mit der deutschen Schweppes GmbH. 2002 übernahm Cadbury Schweppes alle Anteile und 2006 erwarb schließlich Coca-Cola die Apollinaris GmbH.

(*Apollinaris. The Queen of Table Water* – Selection. Natürliches Mineralwasser mit eigener Quellkohlensäure versetzt (medium karbonisiert) mg/l: Natrium 470 – Kalium 30 – Magnesium 120 – Calcium 90 – Hydrogencarbonat 1800 – Sulfat 10)

Am Rhein: RHENSER

Die bereits genannten BLAUEN QUELLEN waren ein Zusammenschluss der Mineralquellen Fürst Bismarck, Harzer Grauhof, Neuselters und Rhenser.

Der *Rhenser Mineralbrunnen* am Rhein wurde schon 1577 im Tagebuch eines Nürnberger Großkaufmannes als „Sauerbrunnen" und 1584 von dem Arzt Tabernaemontanus in seinem Werk „New Wasserschatz" beschrieben. Bei dem „Jahrtausendhochwasser" des Rheins 1784 wurde die Quelle verschüttet und erst 1857 wurde sie wieder freigelegt.

1862 erwarb sie der Baumeister bei der Rheinischen Eisenbahngesellschaft Heinrich Schwarz vom Königlich-preußischen Staat und 1870 wurden 30.000 Tonkrüge abgefüllt. 1883 kam die Firma an den Bergwerksbesitzer Victor Meyer aus Limburg und dessen Söhne Fritz und Carl, die 1887 einen Absatz von 1 Million Krügem erzielten. 1922 wurde das Unternehmen in eine Aktiengesellschaft umgewandelt. Nach dem Zweiten Weltkrieg wurden weitere Brunnenbetrieb erworben und so entstand 1949 der Name „Die blauen Quellen".

1902 erschien eine wissenschaftliche Abhandlung aus dem „Chemischen Laboratorium FRESENIUS zu Wiesbaden" von Professor Dr. Ernst HINTZ und Dr. L. GRÜNHUT mit dem Titel:

Chemische und physikalisch-chemische Untersuchung des Rhenser Sprudels zu Rhens bei Coblenz am Rhein.

Darin berichten die Autoren auch über die Vorgeschichte:

„Bei dem besonders niedrigen Wasserstande des Rheins im Jahre 1807 gelang es eine schon dem Bäderschriftsteller des 17. Jahrhunderts, Tabernaemontanus, bekannt gewesene Mineralquelle in der Nähe des historischen Königstuhls zu Rhens im Rheinbett wieder aufzufinden. Eine Rheinbuhne gab die Möglichkeit, dieses Mineralwasser mittels eines gut ausgemauerten Schachtes zu fassen.

Da diese Quelle jedoch bei hohem Wasserstand des Rheins durch diesen beeinflusst und somit gefährdet werden konnte, wurde dieselbe völlig aufgegeben und im Jahre 1894 an dem Rheinufer ausserhalb des Ueberschwemmungsgebietes durch Tiefbohrung eine neue Quelle, der heutige Sprudel, erschlossen."

Charakterisiert wurde das Mineralwasser damals wie folgt:

„Der Sprudel zu Rhens liefert neben reichlichen Mengen von Kohlensäure ein stark mit Kohlensäure übersättigtes Mineralwasser.

Das Rhenser Mineralwasser enthält als in Betracht kommende Hauptbestandteile doppelt kohlensaures Natron, schwefelsaures Natron und Chlornatrium, neben doppelt kohlensaurer alkalischen Erden und doppelt kohlensaurem Eisenoxydul.

Das Wasser des Rhenser Sprudels stellt ein Mittelglied dar zwischen den Mineralwassern, welche in der Balneologie wegen ihres Gehaltes an Chlornatrium mit doppelt kohlensaurem Natron als alkalisch-muriatische und denen wegen ihres Gehaltes an letzteren und schwefelsaurem Natron als alkalisch-salinische bezeichnet werden."

Die Gehalte an Mineralstoffen im *Rhenser Classic* betragen (Analyse 2010) in mg/l:
Natrium 56, Kalium 3,6, Magnesium 21, Calcium 125, Fluorid 0,34, Chlorid 69, Sulfat 75, Hydrogencarbonat 425.

BROHLER
Der Arzt Johann Winter aus Andernach schrieb bereits 1563 über die *Säuerlinge am Ufer der Brohl*. Das heutige Unternehmen wurde 1909 durch den Duisburger Reeder Karl Schroers gegründet. Bei den Bohrungen 1908/09 stieß man in einer Tiefe von 267 m auf ein Wasser, das äußerst gehaltvoll an wirksamen Mineralien und auch reich an Kohlensäure war – wie im historischen Text auf der Rückseite eines Werbeplattes von 1910 zu lesen ist (s. in Schwedt, Bouvier Bonn 2010, S. 112-117). Die damalige Brohler Oranien-Quelle wurde als *alkalisch, muriatisch, erdiger Säuerling* bezeichnet. Zu den berühmtesten Kunden

zählte Kaiser Wilhelm II., der sich ab 1909 das Brohler Mineralwasser direkt aus Brohl nach Berlin liefern ließ, wodurch der Brohler Mineral- & Heilbrunnen für einige Jahre zum kaiserlichen Hoflieferanten wurde. Nach dem Gründer folgte dessen Schwiegersohn Werner Schilling in der Unternehmensleitung. Im Zweiten Weltkrieg wurden die Krananlage und das Lager zerstört.

Nach dem Wiederaufbau befindet sich das Unternehmen auch zu Beginn des 21. Jahrhunderts im Familienbesitz.

Der historische Verladekran am Rheinufer

Das Mineralwasser *Brohler Classic* (Slogan: „Trink Brohler – fühl dich wohler") enthält folgende Mineralstoff-Konzentrationen (mg/l):

Natrium 360, Kalium 20, Magnesium 80, Calcium 80, Chlorid 200, Sulfat 90, Hydrogencarbonat 1220 – Wassertyp: Natrium-Hydrogencarbonat-Chlorid-Säuerling.

Übersichtstafel zu den zahlreichen Mineralquellen in der Eifel:

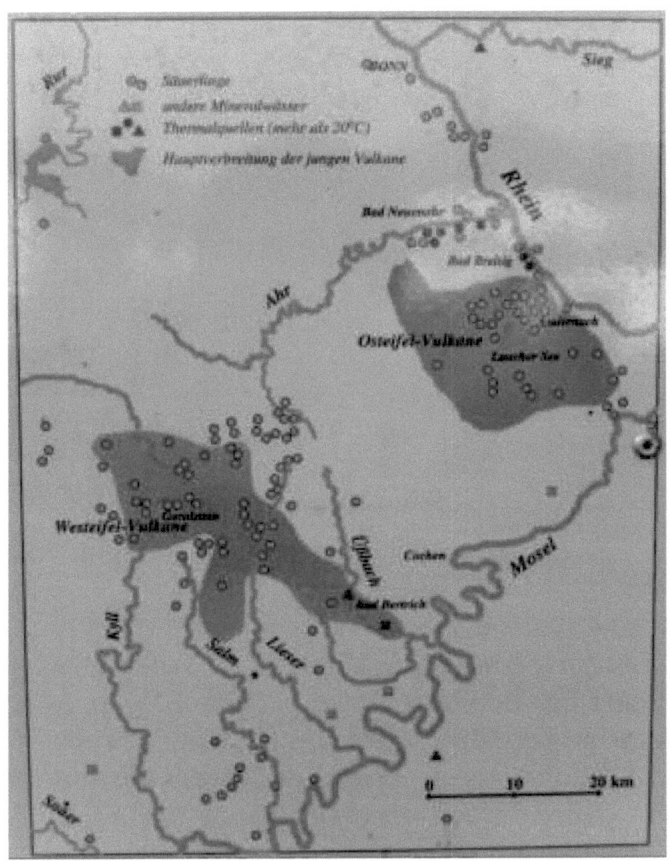

TÖNISTEINER

Die zweitausendjährige Geschichte führt von den Römern über die Kölner Kurfürsten und den Industriellen August Thyssen 1891 zum Chemiker Dr. Carl KERSTIENS (1860-1908), der den Heilbrunnen erwarb und mit dem die moderne Aufbauphase dieses bis heute als Privatbrunnen firmierenden Unternehmens begann. Das Bad Tönisstein der Kurfürsten schloss 1971 seine Pforten.

Kupferstich aus dem 19. Jahrhundert (Ausschnitt)

Bedeutende Mediziner – wie Johann Winter aus Andernach 1565, Tabernaemontanus 1584, und vor allem im 19. Jahrhundert der Bonner Medizinprofessor Johann Christian Friedrich Harless 1826 sowie die Mediziner Franz Wegeler 1811 und Julius Wegeler 1862 berichteten ausführlich über die Tönissteiner Gesundbrunnen.

Das Brunnenhaus mit den zwei Quellen in Bad Tönisstein (2012)

Die ersten zuverlässigen Analysen stammen wiederum von Remigius FRESENIUS – aus dem Jahr 1869. Er schrieb über die *Tönnissteiner Heilbrunnen* einleitend zur Lage:

Der Heilbrunnen, eine der wichtigsten und interessantesten Mineralquellen des Brohlthales, liegt etwa eine Viertelstunde von Tönnisstein, eine halbe Stunde von Brohl, dem Burgschloss Schweppenburg gegenüber, in einem kleinen lieblichen Seitenthale des romantischen Brohlthales.
Die Quelle kommt in der Tiefe aus einer engen, anderthalb Fuss tiefen Felsspalte. Dass die Quelle schon zu Zeiten der römischen Herrschaft in Deutschland bekannt und verehrt war, davon geben die vielen römischen Münzen, welche man

bei der Neufassung der Quelle im Jahre 1864 in der Tiefe fand, deutliches Zeugnis. Diese Neufassung ist in Stein ausgeführt. Aus dem die untere Fassung verschliessenden Gewölbe sitzt ein Trichter, welche in die das Wasser nach oben führende Röhre übergeht. Diese Röhre führt durch das Brunnenbassin einer zweiten ähnlichen Quelle und spendet das Mineralwasser in mässig starkem Strahle.

(...)

Zum *Charakter der Quellen* schrieb FRESENIUS:

Das Wasser ist ausgezeichnet durch seinen hohen Gehalt an doppeltkohlensaurem Natron, einen sehr hohen Gehalt an in kohlensaurem Wasser gelöster kohlensaurer Magnesia, einen hohen Gehalt an freier Kohlensäure und einen ganz ausserordentlich hohen an halbgebundener, d.h. an mit Carbonaten zu Bicarbonaten verbundener Kohlensäure. Es enthält dabei ziemlich viel Chlornatrium und kohlensauren Kalk, während die schwefelsauren Alkalien zurücktreten. Der Gehalt an kohlensaurem Eisenoxydul ist im Vergleich zu dem Gehalte stärkerer Eisenwässer nicht eben gross, der Gehalt an kohlensaurem Lithion dagegen relativ schon ziemlich erheblich.

Die Zusammensetzung des Wassers rechtfertigt und erklärt somit aufs Beste den längst allgemein anerkannten diätetischen und therapeuthischen Werth des Heilbrunnenwassers.

Die Daten für das *Tönissteiner Mineralwasser Classic* heute (Analyse Institut Fresenius 2011) lauten (mg/l): Natrium 109, Kalium 16,8, Magnesium 129, Calcium 170, Fluorid 0,26, Chlorid 32, Sulfat 29, Hydrogencarbonat 1367 – somit ein Calcium-Magnesium-Hydrogencarbonat-Säuerling.

Etikett um 1930

An der Zufahrt zum Unternehmen gegenüber der Schweppenburg an der
Brohltalbahn (Zufahrtsstraße von Brohl)

GEROLSTEINER

Der Bergwerksdirektor Wilhelm CASTENDYCK (1824-1894) gründete am 1. Januar 1888 die *Gerolsteiner Sprudel GmbH* und ließ das bereits Kelten und Römern bekannte, nachweislich ab 1724 abgefüllte und verkaufte Mineralwasser zunächst noch in Tonkrüge abfüllen. 1895 lieferte das Unternehmen Gerolsteiner Mineralwasser nach Sydney. Remigius FRESENIUS empfahl das Mineralwasser auch aufgrund seines hohen Gehaltes an natürlicher Kohlensäure. 1900 erfolgte die Umstellung auf Glasflaschen. Der Export weitete sich bis in die USA (1928) aus. Bei Luftangriffen wurde das Werk Weihnachten 1944 vollständig zerstört. Der Wiederaufbau erfolgte bis 1948.

Werbeplakette um 1920

1984 berichtete die Zeitung *Die Welt* von der „Gerolsteiner Elefantenhochzeit", womit der Zusammenschluss der beiden großen Gerolsteiner Mineralwasserbrunnen *Gerolsteiner Sprudel GmbH & Co. KG* sowie *Gerolsteiner Flora-Brunnen, Rud. Buse GmbH & Co. KG* gemeint war. Heute zählt das Unternehmer zu den Marktführern in Deutschland. Der klassische *Gerolsteiner Sprudel* zeichnet sich vor allem durch seinen sehr hohen Gehalt an Calcium aus (Gehalte in mg/l):

Natrium 118, Kalium 11, Magnesium 108, Calcium 348, Chlorid 40, Sulfat 38, Hydrogencarbonat 1816, freies Kohlendioxid 7000 –

Wassertyp: Calcium-Hydrogencarbonat-Säuerling.

RHODIUS

1826 beschrieb der Bonner Medizinprofessor Christian Friedrich HARLES in seinem Buch „Die vorzüglicheren salinischen und eisenhaltigen Gesundbrunnen..." auch den Brohler Brunnen.

Zunächst jedoch entstand 1827 in Burgbrohl durch Christian RHODIUS (1798-1865) aus Linz mit seinem Brüdern und dem Bonner Chemieprofessor Gustav Bischof eine Bleiweiß-fabrik, für welche die Kohlendioxid-Vorkommen genutzt wurden. Andererseits konnte auch die kohlensäurehaltige *Fellbuhr-Quelle* in der Nähe des Brohlbachtales zur Abfüllung von Mineralwasser zur Errichtung eines „Wasser-versandgeschäftes" genutzt werden. Die Gebrüder Rhodius erwarben außer der Quelle auch mehrere Grundstücke im Bereich der heutigen Burgbrohler Kirchstraße.

1958 begann man mit der Abfüllung alkoholfreier, kohlen-säurehaltiger Getränke. Seit 1974 erfolgt die Abfüllung eines eigenen Mineralwassers und eigener Erfrischungsgetränke unter der Dachmarke Rhodius. 1977 wurde erstmals Mineralwasser auch in Dosen auf den Markt gebracht.

Die Inhaltsstoffe des Mineralwassers entsprechen einem Magnesium-Calcium-Natrium-Hydrogencarbonat-Säuerling, mit einem höheren Magnesium- als Calciumgehalt (mg/l): Natrium 137, Kalium 33, Magnesium 151, Calcium 143, Fluorid 0,27, Chlorid 22, Sulfat 37, Hydrogencarbonat 1562.

Werbung an einem Gebäude des Unternehmens

Region H E S S E N

BAD VILBELER URQUELLE

Das Unternehmen wurde 1875 durch den Geometer Friedrich Grosholz (1810-1888) gegründet. Er stammte aus Weitersborn im Hunsrück und hatte 1836 von der Gemeinde Vilbel den Auftrag erhalten, die Gemarkung zu vermessen. 1848 heiratet er Auguste Simon, die Tochter des Gastwirts

„Zum Engel" Isaac Simon. Er betrieb zunächst eine Nudelfabrik und einen Gemischtwarenladen, bevor er begann, das Mineralwasser der Quelle auf seinem Grundstück in Tonkrügen zu verkaufen. 1882 verkaufte er sein Unternehmen an den Kaufmann Carl Heinrich Kullmann, die auch Glasflaschen und den Markennamen *Luoisenquelle* einführte. 1906 wurde Georg Weil aus Friedberg der Eigentümer und benannte sie *Louisen-Brunnen Vilbeler UrQuelle*.

Das Mineralwasser wurde bis nach Belgien exportiert. Nach dem Zweiten Weltkrieg wurde es als *stilles Mineralwasser* auf dem Markt eingeführt und gelangte 1982 durch Fusion an das Unternehmen HASSIA Mineralquellen.

(Mineralstoffgehalte in mg/l: Natrium 119 – Kalium 14,6 – Magnesium 27,2 – Calcium 194 – Hydrogencarbonat 832 – Sulfat 28 – Chlorid 132)

In Bad Vilbel befindet sich auch ein *Brunnen- und Bädermuseum* – s. Anhang zu Museen.

Staatl. FACHINGER

Das älteste Dokument über die Fachinger Mineralquellen an der Lahn ist das Gutachten vom Amtsphysikus Dr. FORELL im Oktober 1742 an die Dillenburger Regierung. Wenige Jahre später erschien ein Dissertation, angefertigt in der Universität Jena, über die Wirkungen dieses Mineralwassers. Es folgten noch im 18. Jahrhundert weitere Berichte über aktuelle Untersuchungen – u.a. verbunden mit dem Namen SENCKENBERG in Frankuftr am Main. Im 19. Jahrhundert entwickelte sich die Wasseranalytik ganz entscheidend, so dass die Ergebnisse der Analyse zuverlässiger wurden. An

Namen sind vor allem der Chemieprofessor BISCHOF von der Universität Bonn und Professor Remigius FRESENIUS mit seinem bis heute bedeutenden Institut – damals in Wiesbaden – zu nennen.

Von der Natur komponiert.

1746 begann man mit dem Versand des Mineralwassers in Steinkrügen. 1765 pachtete der Diezer Kaufmann Kaisimir Herborn die Quelle. Er führte diese unter dem Namen *Fachinger Brunnen*, ließ ein neues Magazin errichten und die Krüge mit dem Nassauischen Löwen und der Aufschrift *Oranien-Nassau, Fachingen P.* versehen. Nach Ablauf der Pacht 1811 wurde der Fachinger Brunnen zusammen mit dem Brunnen in Niederselters unter staatlicher Verwaltung durch das herzoglich-nassauische Brunnencomptoir betrieben. Der Höhepunkt des Versandes wurde 1834 und 1835 mit 400 Tausend Krügen pro Jahr erreicht. Dann nahm die

Zahl der Krüge pro Jahr ab, erreichte jedoch um 1855 sogar die Anzahl von 500 Tausend im Wert von 24 Tausend Gulden. Bis zum Ende des Deutschen Krieges 1866 wurde das Wasser in dickwandigen, schwach glasierten Westerwälder Steinkrügen versandt. Danach gingen die Brunnen an Preußen und 1870 wurde die Glasflasche eingeführt, 1894 der Fachinger Brunnen an den Fabrikanten Friedrich Siemens (1826-1904) verpachtet – als *Mineralbrunnen Siemens & Co.* 1895 erreichte die Abfüllung erstmals die Eine-Millionen-Liter-Marke. 1918 wurde das Produkt von *Königl. Fachingen* in *Staatl. Fachingen* umbenannt. Nach dem Tod von Friedrich Siemens führten seine Erben die Pacht weiter. 1990 erwarb die Mineralbrunnen Überkingen-Teinach AG den Fachinger Brunnen vom Land Rheinland-Pfalz. Seit Juni 2011 ist die Sinalco GmbH (Sitz Duisburg) Eigentümer der Quelle.

(Analysendaten mg/l: Natrium 564,0 – Kalium 16,1 – Magnesium 59,2 – Calcium 98,7 – Fluorid 0,3 – Chlorid 139,0 – Hydrogencarbonat 1846,0 – Kohlendioxid 1510/4800 Still/Medium

SELTERS
Selters war noch im 20. Jahrhundert das Synonym für Mineralwasser.
Im *„Bilder-Conversations-Lexikon für das deutsche Volk"* des Verlages BROCKHAUS (Leipzig) von 1840 ist zu lesen:
Selters oder Niederselters ist ein Dorf im Herzogthum Nassau an der Straße zwischen Limburg und Frankfurt in einer wildromantischen Gegend, deren Mineralquelle das bekannte *Selters Wasser* liefert. An der Quelle selbst wird

dieses Wasser wenig getrunken, dafür aber in alle Welttheile verschickt. Man trinkt es nicht nur als Heilmittel gegen chronische Katarrhe, Verschleimung der Lungen, Heiserkeit, anhebende Schwindsucht, Krankheiten der Urinwerkzeuge, Steinbeschwerden, Unterleibsbeschwerden, Unregelmäßigkeit der monatlichen Reinigung u.s.w, sondern auch seines Wohlgeschmacks wegen, oft mit Wein und Zucker als Tischtrunk. Das Wasser gehört zu den salzhaltigen Säuerlingen und wirkt gelind abführend, urintreibend und auf die Schleimhäute und Drüsen auflösend. Die Quelle wurde in der ersten Hälfte des 16. Jahrh. entdeckt, aber im dreißigjährigen Kriege verschüttet. Erst seit der Mitte des 18. Jahrh. ist sie in Aufnahme gekommen und so sehr, daß, während sie damals noch für 2 Gldn. 20 Kr. Rhein. jährlich verpachtet war, jetzt für sie eine Pacht von 80.000 Gldn. bezahlt wird. (...)"

Unter dem Titel „Der Niederselterser Mineralbrunnen 1536-1994" hat Norbert ZABEL in der „Geschichte von Niederselters" (Selters/Taunus 1994) zahlreiche Details mit Quellenangaben zu einer umfangreichen Geschichte des Mineralbrunnens zusammengefasst. 2013 erschien das umfangreiche Werk „Geschichte des Mineralbrunnens Niederselters. Deutschlands bekanntester Gesundbrunnen 1516 2013" von Norbert Zabel, Eugen Caspary und Willi Hamm – als Autor des Kapitels „Umbau und Instandsetzung der Brunnenanlage 2001-2013".
R. FRESENIUS führte zwischen 1845 und 1868 zahlreiche Analysen durch, 1866 erschien sein Bericht in der Veröffentlichungsreihe „Chemische Untersuchung der wichtigsten Nassauischen Mineralwasser" als 8. Abhandlung über „Die Mineralquelle zu Niederselters". Aus vergleichende

Untersuchungen stelle er 1891 fest, „daß sich das Selterser Wasser während 70 Jahren in seinem Gehalte im wesentlichen durchaus nicht verändert hat,...". Er entwickelte auch ein neues Füllverfahren, nachdem er mehrmals persönlich in Niederselters am Brunnen die Untersuchungen durchgeführt hatte.

Im September 1891 begann Prof. Dr. R. Fresenius aufgrund eines regierungsamtlichen Auftrages auch mit einer bakteriologischen Untersuchung und *Begutachtung des Niederselterser Mineralbrunnens.*

Die Analysen während der Neufassung der Quelle zwischen 1906 und 1908 führte dann der Schwiegersohn von Fresenius, Prof. Dr. Ernst HINTZ, durch – von 1897 bis 1912 auch Direktor und Mitinhaber des *Institutes Fresenius.*

Die Analysendaten aus dieser Zeit lauten mg/kg, gerundet: Natrium 1259, Kalium 21, Ammonium 1,5, Lithium 5, Magnesium 51, Calcium 110, Eisen 1,3, Mangan 0,2, Iodid 0,03, Bromid 0,7, Chlorid 1416, Sulfat 26, Hydrogencarbonat 1502, Nitrat 4,5, Phosphat.

Seit 2011 können Besucher des *Selterwassermuseums* im Niederselterser Mineralbrunnen viele Details über die Geschichte in einer interessanten, sehr informativ gestalteten Ausstellung selbst erfahren. Die Produktion von „Selterswasser" war 1999 aus betriebswirtschaftlichen Gründen beendet worden. 2001 kaufte die Gemeinde Niederselters die Gebäude, u.a. das eigentliche Brunnengebäude, den Brunnentempel im Jugendstil aus dem Jahr 1907. Mit Hilfe der hessischen Denkmalpflege erfolgte eine Restaurierung, gefördert durch Mittel der Bundesrepublik Deutschland und des Landes Hessen.

Die ausgestellten Dokumente umfassen Landkarten, Bücher, Verträge, Zeichnungen, Stiche, Bilder, Urkunden und weitere Exponate, auch Krüge und Flaschen sowie Füllmaschinen. In Vitrinen werden u.a. die Themen Mineralwasserentstehung, die geologischen Verhältnisse um Niederselters und die mineralischen Bestandteile des Säuerlings sowie die Steinkrüge aus dem Kannenbäckerland ausgestellt. Dem berühmten Analytiker FRESENIUS ist eine eigene Tafel gewidmet, auf der auch die neuesten Analysenergebnisse aus dem Institut Fresenius (heute in Taunusstein) verzeichnet sind, Das „Selterswasser" kann von Besuchern probiert werden – original oder von Eisen und Mangan befreit.

Die Abfüllhalle um 1842

RHÖNSPRUDEL

W. Carlé berichtet in seinem Standardwerk „Die Mineral-
und Thermalwässer von Mitteleuropa" (Stuttgart 1975) über
den „Eisen-Säuerling" von *Weyers, im äußersten Südosten der
Fuldaer Grabenzone,* in der Umgebung der Rhön:

Der Rhönsprudel am Weikardshof ist in einem flachen Schacht an der Grenze zwischen Buntsandstein und Muschelkalk gefaßt – zusammen mit Analysendaten von 1936.

Die Geschichte des Mineralbrunnens beginnt bereits 1781, als der Amtmann Georg Ignazius Weikard (1747-1824) die heutige Rhön-Sprudel-Quelle durch fürstliche Bergknappen erstmals fassen ließ. Weikard ist der Erbauer des denkmalgeschützten Weikardshofs. 1818 erhielt er Im „Namen seiner Majestät des Königs von Bayern" eine Erlaubnis zu einem „ordentlichen Kur- und Badebetrieb mit Trank- und Gastwirtschaftsberechtigung".

Weikard war der Sohn eines Gastwirts und Brauereibesitzers aus Römershag (heute Bad Brückenau). Er studierte Jura an der Universität in Fulda, war danach als Advokat tätig und wurde 1770 Fürstlich-Fuldischer Amtmann in Weyers (heute Ortsteil der Gemeinde Ebersburg, Landkreis Fulda, am Fuße der Wasserkuppe). In

Weyers erwarb er den Ritzelshof, teilte ihn und erbaute auf seinem Weikardshof um 1812 auch neue Wohn- und Wirtschaftsgebäude. Und auf diesem Gelände befand sich auch eine *Sauerquelle*. Aus seinen überlieferten Berichten geht hervor, er habe 1782 von Bergknappen die Bohrung niederbringen lassen, die jedoch zunächst nicht erfolgreich gewesen sei, weil die Quelle nicht aus der Tiefe sondern seitlich vom Berg entspringe. Daraufhin habe er ein Bassin graben lassen, von dem zwei Brunnentröge (mit der Jahreszahl 1794 und seinem Namen sowie dem seiner Frau Eva Theresia Freiesleben) noch vorhanden sind.

Bis zum Ende des 19. Jahrhunderts hatte sich auch ein kleines Kurbad entwickelt; das Mineralwasser wurde in Tonkrügen verschickt. 1895 errichtete man eine Flaschenabfüllanlage errichtet. 1911 gelangte die Quelle in den Besitz der Familie Schindel.

Der *Rhön-Sprudel* gehört zu den schwach mineralisierten Wässern (mg/l):

Natrium 3, Kalium 17, Calcium 45, Magnesium 26, Chlorid 9, Sulfat 17, Hydrogencarbonat 302.

In der Analyse von 1936 (W. Carlé) sind noch höhere Mineralstoffgehalte, darunter 45,6 mg/kg Eisen (!) abgegeben.

OSTDEUTSCHLAND

In den neuen Bundesländern gab und gibt es nur wenige Mineralwasser-Unternehmen, die oft auch von westdeutschen Firmen betrieben bzw. übernommen wurden. Auch ist die Zahl der ergiebigen Quellen vor allem in den nödlichen Bundesländern gering.

Zu den historisch bekannten Orten mit einem Mineralwasserversand zählen u.a. Bad Doberan und Bad Brambach – von Norden nach Süden.

GLASHÄGER aus Bad Doberan
Der Name stammt vom Ort in der Nähe von Bad Doberan, wo Mönche des Zisterzienser-Ordens das Wasser bereits im Mittelalter zum Bierbrauen und als Osterwasser nutzten. Der Eigentümer des Gutes Glashagen erschloss die Quelle 1906 und brachte das Wasser auf den Markt. Beim kaiserlichen Patentamt in Berlin ließ er sich die Marke *Glashäger* auch als Warenzeichen eintragen. Geologisch wechseln hier wasserundruchlässige Schichten aus Lehm und Ton mit durchlässigen Sanden und Kiesen ab. Zwischen diesen Schichten existieren Wasserreservoirs, von denen eines als Quelle für das Glashäger erschlossen ist. In DDR-Zeiten war das Unternehmen Marktführer in Mecklenburg-Vorpommern – und gilt auch heute als Nr. 1 im Bundesland. 1950 kam es zu „VEB Rostock, Abteilung Glashäger Mineralquellen", danach zum „VEB Getränkekombinat Hanseat" und noch 1987 zum „VEB Greifenquelle Rostock". Es zählt zu den am geringsten mineralisierten Wässern mit (mg/l) – *Glashäger Classic* mit:
Natrium 12, Calcium106, Magnesium 9,9, Chlorid 28, Sulfat 98, Hydrogencarbonat 243.

GAENSEFURTHER SCHLOSS QUELLE

Eine weniger bekannte, aber wegen seiner besonderen Mineralstoffgehalte und auch Geschichte interessante Quelle befindet sich in der Hügellandschaft zwischen Magdeburger Börde und dem nordöstlichen Harzrand im Park des anhaltinischen Schlosses Gaensefurth, das bereits 1159 erwähnt wurde. Gänsefurth ist heute ein kleiner Ortsteil der Stadt Hecklingen bei Staßfurth.

Der Legende nach soll der Schlossgärtner 1876 durch Gänse auf die mineralstoffreiche Quelle aufmerksam geworden sein und der damalige Schlossbesitzer Thilo von Trotta gründete 1886 eine Mineralwasserfabrik. Es soll das in Literflaschen gefüllte und plombierte Waser sogar bis ins englische Königshaus versandt haben. Das Wasser stammt aus dem unteren Muschelkalk. In der DDR gehört die Quelle zum volkseigenen Gut und somit nicht zu einem VEB Getränkekombinat. Heute gehört es zur Wüllner-Gruppe Bielefeld, 1925 gegründet (Carolinen-Quelle). Das Schloss wurde von der Familie von Trott wieder erworben.

Mineralstoffgehalte mg/l:
Natrium 55, Kalium 10,9, Calcium 193, Magnesium 88,5, Chlorid 182, Sulfat 475, hydrogencarbonat 345.

BAD BRAMBACHER
Das sächsische Staatsbad Bad Brambach liegt in einem Gebiet, das 20 km tief in die Tschechische Republik hineinragt. Im 19. Jahrhundert wurden dort wild ablaufende Quellen von den Bewohnern genutzt.
1812 untersuchte der Freiberger Professor für Chemie und Hüttentechnik August Wilhelm Lampadius (1772-1842) die Gemeindequelle, 1860 wurde von dem Gast- und Landwirt

Christian Schüller eine Eisenquelle entdeckt. Ab 1905 ließ dessen Sohn das Wasser der Eisenquelle in Flaschen abfüllen und verschicken. 1908 wurde die Brambacher Sprudel GmbH gegründet. 1911 entdeckte man eine Radonquelle, wonach sich der urkundlich erstmals 1154 genannte Ort (*Brantbuoch* = Brandbuche) zu einem Heilbad entwickelte.

Bereits 1905 bezog der bayerische Hof des Prinzregenten Luitpold Brambacher Quellwasser. In der DDR war der VEB Brambacher Sprudel der größte Mineralwasserlieferant im Oberen Voigtland. 1996 wurde die Produktion in einem neuen Abfüllbetrieb aufgenommen.
Das Mineralwasser ist schwach mineralisiert (mg/l):
Natrium 15, Kalium 2, Calcium 65, Magnesium 17, Chlorid 13, Sulfat 53, Hydrogencarbonat 232.

SÜDWESTDEUTSCHLAND
Zu den bekanntesten Mineralwassermarken zählen *Überkinger, Teinacher* und auch *Peterstaler.*

ÜBERKINGER
Im „Deutschen Bäderbuch" 1907 ist zu lesen: „Die Überkinger Quelle wird bereits um das Jahr 1200 erwähnt; schon im 16. Jahrhundert stand das Bad in hohem Ansehen." Und von den Mineralstoffgehalten der Analysen werden die hohen Calcium- und Hydrogencarbonat-Konzentrationen hervorgehoben, die dem Mineralwasser die Bezeichnung *erdiger Säuerling* verleihen.

Der Überkinger Sauerbrunnen – Kupferstich von 1750

Überkingen (heute Bad Überkingen) liegt im Filstal im Landkreis Göppingen bei Geislingen an der Steige, dessen Mineralwasser aus der Schwäbischen Alb stammt.

Nach dem Ende des Dreißigjährigen Krieges ab 1650 wurde das Wasser in Steingutflaschen abgefüllt, 1870 entstand eine Fabrik, die es in Glasflaschen auf den Markt brachte. Seit Einführung der Einheits-Mineralwasserflasche wurde es möglich, das Wasser in ganz Süddeutschland, vor allem im wirtschaftsstarken Dreieck Stuttgart-Mannheim-Nürnberg, auszuliefern.

EXKURS zur Normbrunnenflasche

Sonderbriefmarke von 1999

Die Normbrunnenflasche für Mineralwasser oder Brunnen-einheitsflasche, oft auch *Perlenflasche* genannt, kann 1969/70 auf den Markt – aus Klarglas, mit Schraub-verschluss, Einschnürung in der Mitte, ergänzt um 230 darüber liegende Noppen. Sie erhöhen die Griffsicherheit und symbolisieren zugleich das Sprudeln beim Öffnen der Flasche. Designer war Günter Kupetz (Jg. 1925), nach

Architekturstudiums als Industriedesigner tätig, der von 1954 bis 1961 auch für WMF arbeitete. Mit dieser Flasche wurde ein bundesweit standardisiertes Vertriebssystem und zugleich wesentlich mehr Abfüllungen pro Stunde ermöglicht. Ganz gleich, von wem eine Flasche abgefüllt wurde, sie kann praktisch jedem Händler zurückgegeben werden und vom nächstgelegenen Abfüller nach Reinigung und neuer Etikettierung auch für sein Mineralwasser verwendet werden.

Mineralstoffe im *Überkinger Original Classic* mg/l:
Natrium 18, Magnesium 19, Calcium 170, Fluorid 0,3, Chlorid 25, Hydrogencarbonat 523.

BAD TEINACHER
Im Unterschied zum ÜBERKINGER erhält Teinach sein Mineralwasser aus dem Schwarzwald. Im Deutschen Bäderbuch von 1907 werden 6 Quellen genannt – mit dem Hinweis, dass Teinach schon 1345 als Wildbad bekannt gewesen sei.
Im 19. Jahrhundert waren außer FRESENIUS mit seinem Privatlaboratorium in Wiesbaden in Süddeutschland auch Chemiker aus den Universitäten in der Analyse von Mineralwässern tätig – so u.a. auch Robert Bunsen (Universität Heidelberg ab 1852) oder Hermann FEHLING (Polytechnikum, heute Universität Stuttgart ab 1839).
FEHLING analysierte 1858 u.a. die *Hirschquelle* und die *Bachquelle* in Teinach.
Die Hirschquelle als Heilwasser weist folgende Inhaltsstoffe auf (in Klammer Daten von Fehling)

Lithium 1,31, Natrium 252 (220,3), Kalium 11,8 (9), Magnesium 35 (63,4), Calcium 206 (270), Strontium 1, Mangan 0,01, Fluorid 0,93, Chlorid 34,3 (32,6), Bromid 0,22, Sulfat 55 (81,37), Nitrat 1, Hydrogencarbonat 1343 (1592).

Ausschnitt aus dem Merian-Kupferstich Zavelstein mit Teinach 1650

TEINACHER Classic aus der Quelle im kleinen Tal der Teinach an der Schwarzwald-Bäderstraße, die bereits seit dem 14. Jahrhundert bekannt war, neu erbohrt wurde und sich etwa 100 m tief im Buntsandstein befindet, enthält folgende Mineralstoffe in mg/l:
Natrium 73,8, Calcium 96,2, Magnesium 36,7, Chlorid 15,8, Sulfat 26, Hydrogencarbonat 567, Kieselsäure 34,9.

Auch die Analysen von FEHLING ergaben 1858 sowohl in der Hirsch- als auch der damaligen Bachquelle hohe Gehalte an Kieselsäure mit etwa 70 mg/kg.

PETERSTALER Mineralwasser

Merian-Kupferstich von 1664

Der *Sauerbrunnen* im Peterstal im Schwarzwald war schon vor Jahrhunderten bekannt. Das heutige Bad Peterstal-Griesbach (aus zwei Ortschaften – im Ortenaukreis) ist ein Mineral- und Moorheilbad sowie Kneippkurort und gehörte seit dem Ende des 14. Jahrhunderts zum Erzstift Straßburg. Im Gelände des Sanatoriums wurde ein alter Brunnen, datiert auf das Jahr 1377, entdeckt. Der Barock-Schriftsteller GRIMMELSHAUSEN lebte lange in der Ortenau-Region und in seinem Werk „Der Abenteuerliche Simplizissimus" finden sich einige Stellen zu Sauerbrunnen.
Ab 1832 wurde Peterstaler Mineralwasser in Krügen abgefüllt und auch in benachbarte Städte bis nach Straßburg gebracht.
1926 begann eine neue Phase mit dem Bau einer Abfüllanlage durch den Besitzer der Quelle Emil Huber. Das

Wasser stammt aus tiefliegenden vulkanischen Magma-schichten und gelangt durch Sandsteinschichten und Granitspalten an die Oberfläche.

Das *Peterstaler Mineralwasser Classic* enthält (mg/l).
Natrium 124, Kalium 9,0, Calcium 81,6, Magnesium 17,7, Chlorid 14, Sulfat 98, Hydrogencarbonat 531.

BAYERN

BAD BRÜCKENAUER
Aus Bad Brückenau kommt sowohl Mineral- als auch Heilwasser. Die Bädergeschichte beginnt 1743 mit dem Fuldaer Fürstabt Armand von Buseck (1685-1756), der erste Quellfassungen anlegen ließ. Aus der 1747 erstmals gefassten *König-Ludwig-I.-Quelle* stammt das Mineralwasser, aus der 1749 gefassten *Sinnberger Quelle* kommt das Heilwasser.

Brückenau um 1840

Der Bruder des unter RHÖNSPRUDEL genannten Weikard, Melchior Adam Weikard (1742-1803) hatte 1764 nach einem Studium der Medizin in Würzburg promoviert, wurde Brunnenarzt und Amtsphysikus in Brückenau und war ab 1770 auch als Medizinprofessor an der damaligen Universität Adolphina in Fulda tätig. Ein weiterer, auch als Bäderschriftsteller bedeutender Badearzt war Konrad Anton ZWIERLEIN (1755-1825), der 1785 eine ausführliche Schrift über die „Beschaffenheit des Gesundbrunnens zu Brückenau" verfasste – zu Zwierlein s. auch im Kap. 2.

Im Deutschen Bäderbuch 1907 sind die Analysenergebnisse von Joseph SCHERER (1814-1869) enthalten. Er hatte in Würzburg Medizin und Naturwissenschaften studiert und 1836 zum Dr. med. promoviert. Danach studierte er Chemie in München und 1840/41 bei Liebig in Gießen. Ab 1842 wirkte er als Professor für Organische Chemie, angesiedelt im Juliusspital, in Würzburg. Er gründete 1867 das Medizinische Institut für Chemie und Hygiene und gilt als Begründer der Klinischen Chemie. 1855 analysierte er die Stahlquelle und die Sinnberger Quelle.

Von der Staatl. Mineralbrunnen AG, gegründet 1988, berichtet auf ihrer Webseite zur Historie wie folgt:

„1747 gründen die Fürstäbte von Fulda an den heilenden Quellen von Brückenau ein Kurbad. Die Tradition des guten Quellwassers an diesem Ort im Sinntal geht jedoch viel weiter in die Geschichte zurück. In einer Güterbeschreibung der Stadt Brückenau von 1674 wird die ‚Wiese bei dem sauern Bron' zum ersten Mal erwähnt. Damit ist die spätere ‚Stahlquelle' und heutige ‚König-Ludwig-I.-Quelle' (alt) zum ersten Mal historisch belegt. Der Leibarzt des damaligen Fürstabts von Fulda, Dr. Schlereth, wurde bei einer Wanderung 1747 von einem Schäfer auf die Quelle im

Wiesengrund aufmerksam gemacht. Er erkannte sofort deren Wert als Heilquelle und veranlasste noch 1747 die erste Fassung des ‚Gesundbrunnens‘.“

*Staatl. Bad Brückenauer Mineralwasser (*aus der *Ludwig I. Quelle)* mg/l: Natrium 2,5 – Kalium 3,6 – Magnesium 4,0 – Calcium 15,0 – Chlorid 2,8 – Sulfat 5,6 – Fluorid 0,06 – Hydrogencarbonat 66,0.

Staatl. Brückenauer Heilwasser aus der Sinnberger Heilquelle Natrium 2,9 – Kalium 5,6 – Magnesium 7,3 – Calcium 16,9 – Strontium 0,03 – Mangan 0,13 – Fluorid 0,08 – Chlorid 6,2 – Sulfat 10,7 – Nitrat 3,6 - Hydrogencarbonat 76,2 – Hydrogenphosphat 0,39 – Kieselsäure 16,3 – Kohlendioxid 2243.

Bad Brückenau im 19. Jahrhundert

ADELHOLZENER ALPENQUELLEN

Bad Adelholzen – Ausschnitt einer Postkarte um 1900

Ein römischer Glaubensprediger mit Namen St. Primus soll bereits 280 n. Chr. einer Legende nach die Heilquelle entdeckt haben. Nach seiner Rückkehr nach Rom wurde er von Häschern des Kaisers Diokletian gefangengenommen und getötet. Im 10. Jahrhundert gelangte die Heilquelle in den Besitz der Erzbischöfe von Salzburg. 959 wird erstmals ein *Wiltbad* erwähnt, das im 17. Jahrhundert zu einem Kurort ausgebaut wird. Man beginnt damit, Wasser für Hauskuren auch in Tonflaschen abzufüllen. 1875 kommt Adelholzener Heilwasser in den Handel, 1895 wird es bereits überregional versandt. 1907 erwarb die Kongregation der Barmherzigen Schwestern vom Hl. Vinzenz von Paul (Mutterhaus München) die Kur- und Abfüllanlagen. 1939 wurde die Primusquelle Heilquelle staatlich anerkannt, 1946 auch der Ort als Heilbad durch das Bayerische Staatsministerium des Inneren. 1994 wurde die Adel-holzener Primusquelle in *Adelholzener Alpenquellen* umbe-nannt.

111

Im Deutschen Bäderbuch von 1907 ist zu lesen:
„**Adelholzen**. Dorf mit 42 Einwohnern im Kreise Oberbayern, liegt am Rande der Bayerischen Alpen am südwestlichen Abhange des Reitner Berges, 656 m ü. M. in einem von Nordost nach Südost streichenden Tale von ½ bis 1 km Breite, an welches Höhen bis zu 1700 m anstoßen, unmittelbar am Walde. – (...)

Heilquellen: Drei Quellen: ‚Alaunquelle‘, ‚Salpeter-quelle‘, ‚Schwefel-‘ oder ‚Fieberbrunnen‘, um das Jahr 300 n. Chr. entdeckt, seit dem Jahre 800 etwa zu Badezwecken benutzt...“

Es wird darauf hingewiesen, dass alle drei Quellen identischen Zusammensetzung besitzen sollen.

Die ADELHOLZENER ALPENQUELLEN sind heute in mehr als 20 Ländern auf dem Markt vertreten. Japan ist nach Deutschland der zweitstärkste Absatzmarkt.

0,75L
15 CENT
PFAND

St.Primus Heilwasser

Unterstützt natürlich die Verdauung.
Mit wenig Kohlensäure versetzt.

Anwendungsgebiete: Traditionell angewendet –
zur Unterstützung der Funktion von Magen und Darm –
zur Unterstützung der Harnausscheidung.
Dosierung: Zur Trinkkur und zum Dauergebrauch. Zur
Unterstützung der Harnausscheidung 1,5 bis 2,25 l über den
Tag verteilt trinken. Zur Unterstützung der Funktion von
Magen und Darm: ca. 300 ml zu den Hauptmahlzeiten trinken.
Gegenanzeigen: Nicht empfohlen bei Unverträglichkeit von
größeren Flüssigkeitsmengen bei schweren Herz-Kreislauf-
und Nierenerkrankungen.
Neben- und Wechselwirkungen: keine bekannt.
Nach Ablauf des Verfallsdatums nicht mehr trinken.

Adelholzener Alpenquellen GmbH
83313 Bad Adelholzen / Siegsdorf
www.Adelholzener.de

ZUL.-Nr. 6087254.00.00 • Zum Trinken • Stand der Information: 05.2014

1000 ml enthalten

KATIONEN		ANIONEN	
Natrium-Ion	3,7 mg	Fluorid-Ion	0,07 mg
Kalium-Ion	0,6 mg	Chlorid-Ion	2,8 mg
Magnesium-Ion	29,0 mg	Nitrat-Ion	3,4 mg
Calcium-Ion	88,0 mg	Sulfat-Ion	8,0 mg
Strontium-Ion	0,14 mg	Hydrogen-	
Barium-Ion	0,056 mg	carbonat-Ion	412,0 mg
UNDISSOZIIERTE STOFFE		**GASFÖRMIGE STOFFE**	
Metakieselsäure	10,2 mg	Kohlendioxid	2160 mg
Metaborsäure	0,23 mg		

Auszug aus der Analyse des Instituts Fresenius.

Hinweis:
Sowohl die Analysen zum Mineralwasser *Adelholzener Classic* als auch zum historischen *ADELHOLZENER St. Primus Heilwasser* stammen aus dem **SGS INSTIUT FRESENIUS** in Taunusstein.

BAD KISSINGEN

Über *Kissingen* berichtete der „Volks-Brockhaus" von 1838 u.a.:

„**Kissingen**, ein vormals würzburgisches Städtchen in der bair. Provinz Unterfranken (Unter-Mainkreis), liegt in einer romantischen Gegend am linken Ufer der fränk. Saale, und ist besonders in der neuesten Zeit seiner Heilquellen wegen besucht worden, deren säuerlich-salziges Wasser im Allgemeinen ziemlich Ähnlichkeit mit dem von Wiesbaden hat..."

Es werden drei Quellen hervorgehoben:

„...der *Ragozzibrunnen* wird am meisten benutzt, und K. versendet jährlich viele tausend Krüge von diesem Wasser; die beiden übrigen heißen der *Pandur* und der *Maximilians-* oder *Sauerbrunnen*..."

In *Pierer's Universal-Lexikon* von 1860 wird auch noch eine *wenige benutzte Theresienquelle* erwähnt, aus der 1988 die neu gegründete FRANKEN BRUNNEN GmbH auf Mineralwasser abfüllte – s. weiter unten.

Das Deutsche Bäderbuch von 1907 nennt folgende 5 Quellen:

Rakoczy (1737), *Pandus* (16. Jh.), *Maxbrunnen* (16. Jh.), *Schönbornsprudel* (erbohrt 1822-54), *Solsprudel* (auch Salinensprudel genannt, erbohrt 1822).

2017 gibt es folgende Brunnen für Trinkkuren:

Rakoczy (eisenhaltiger Natrium-Chlorid-Säuerling, nach Zusatz von Magnesiumsulfat als *Kissinger Bitterwasser*)

Pandur (eisenhaltiger Natrium-Chlorid-Säuerling)

Maxbrunnen (Natrium-Chlorid-Säuerling)

Luitpoldsbrunnen alt (eisenhaltiger Natrium-Chlorid-Hydrogencarbonat-Sulfat-Säuerling)

1856 analysierte Justus LIEBIG sowohl das Wasser des Rakoczy- und des Pandur-Brunnens. Er fand 15 bzw. 13 mg/l an Eisen.

FRANKEN-BRUNNEN

1932 gründete die Familie Hufnagel in NEUSTADT an der Aisch ein Brunnen-Unternehmen. Bereits aus dem Jahr 1520 gab es Hinweise auf die auf dem Gelände an der Bamberger Straße befindlichen Brunnen. Die Firmengeschichte weist in neuerer Zeit die Ankäufe und den Betrieb von Mineralwasser-Quellen an verschiedenen Orten in ganz Deutschland auf.

Aktuell wird ein *Mineralwasser* folgender Zusamensetzun vertrieben, das offensichtlich aus der Stammquelle (Hochstein-Quelle) stammt (mg/l):

Natrium 35,6 – Kalium 4,4 – Calcium 287 – Magnesium 72,3 – Chlorid 86 – Sulfat 655 – Hydrogencarbonat 372
(Calcium-Sulfat-Hydrogencarbonat-Säuerling)

Und als *Heilwasser* das *St. Anna Heilwasser* (Quelle im Kurpark von Bad Windsheim, westlich von Nürnberg) mit mg/l:

Lithium 0,14 – Natrium 142 – Kalium 13 – Ammonium 0,64 – Calcium 598 – Magnesium 75 – Strontium 3,5 – Fluorid 0,23 – Chlorid 167 – Bromid 0,7 – Sulfat 1525 – Hydrogencarbonat 372 – Kohlendioxid 4532.

Die St. Anna-Quelle wird schon im Deutschen Bäderbuch von 1907 unter WINDSHEIM als *muriatisch-salinische Bittersalzquelle* – nach einer Analyse von A. Hilger von 1902 (muriatische Quelle = Kochsalzquelle).

Albert HILGER (1839-1905) erlernte den Beruf des Apothekers, studierte in Tübingen und Würzburg und war nach der Promotion 1862 bis 1867 Assistent von SCHERER (s. o. zu Brückenau) in Würzburg. 1868 gründete er ein agrikultur-chemisches Privatinstitut. 1872 erhielt er eine Professur für Pharmazie und angewandte Chemie in Erlangen, ab 1892 wirkte er als Professor für Chemie an der Universität in München.

Albert HILGER

6. Zur medizinischen Bedeutung der Mineralwässer –
Balneochemische Betrachtungen zur Trinkkur

Als BALNEOLOGIE oder Bäderkunde wird die Lehre von den therapeutischen Anwendungen natürlicher Heilquellen, Heilgase und Peloide (Schlämme) in Form von Bädern, Trinkkuren und Inhalationen definiert.

Die BALNEOCHEMIE beschäftigt sich speziell mit der chemischen Zusammensetzung der Heil- und Mineralwässer und deren Wirkung auf den Organismus.

Als Begründer der Balneologie gilt der Mediziner Emil OSANN (1787-1842).

Er wurde in Weimar geboren, studierte Medizin in Jena und Göttingen, wo er 1807 promovierte. In Preußen legte er die ärztliche Staatsprüfung ab und ließ sich als praktischer Arzt in Berlin nieder.

Er war eine Neffe (und später auch Schwiegesohn) des bedeutenden Arztes HUFELAND (s. weiter unten zur Trinkkur) trat er in dessen poliklinisches Institut als Assistenzarzt ein. 1814 erhielt er eine ao. Professur an der medizinisch-chirurgischen Militärakademie in Berlin, wurde 1818 zum Professor für Heilmittellehre an der neu gegründeten Berliner Universität und 1833 auch Direktor des poliklinisches Instituts als Hufelands Nachfolger.

In seiner Biographie (ADB 1842 – von A. Hirsch) ist u.a. zu lesen:

„Von Hufeland angeregt, hat O. seine wissenschaftliche Thätigkeit vorzugsweise dem Studium der Heilquellenlehre zugewendet."

Als sein Hauptwerk wird die *Physikalisch-medicinische Darstellung der bekannten Heilquellen der vorzüglichsten Länder Europas* bezeichnet, „die erste vollständige Schrift über Balneologie, wie sie keine andere Nation zu jener Zeit aufzuweisen hatte; die ersten beiden Bände (1829, 1832, in 2. Aufl. 1838, 1841) enthalten die Bäder Deutschlands..."

Im ersten Band finden wir auch eine detaillierte allgemeine Darstellung zur medizinischen Wirkung der unterschiedlichen Wässer, die Osann wie folgt einteilt:

Eisenwasser, Schwefelwasser, alkalische Mineralwasser, Bitterwasser, kalkerdige Mineralwasser, Glaubersalzwasser, Kochsalzwasser und *Säuerlinge*.

[Eine ausführliche Darstelung zur „Geschichte der Balneologie in Deutschland" ist auch in der 2. Auflage des DEUTSCHEN BÄDERBUCHES von 2008 zu finden. Im Kapitel *Trinkkuren* sind auch zahlreichen Aussagen zu den Wirkungen zu finden.]

Zwei Jahrhunderte nach OSANN finden wir im Buch des Arztes Albert KUKOWKA (1894-1977), Balneologe und Leiter des Forschungsinstitutes für Balneologie und Kurortwissenschaft in Bad Elster (Sachsen) in der damaligen DDR,

Heilquellen und Bäder Thüringens
und
Allgemeine Darlegungen über die Bäderheilkunde
(1948, Greifen-Verlag, Rudolstadt),

einige wesentliche Sätze zur „Balneochemie der Mineralien". Sie sollen aus seinem Werk hier zitiert werden.

Er schrieb u.a.:

„*Natriumhydrogencarbonat* wirkt abstumpfend, hemmend und neutralisierend auf den sauren Magensaft. Dabei kommt es zu einer Hemmung der Magen- und Pankreassekretion...

Natrium- und Magnesiumsulfat werden fast gar nicht resorbiert. Um so mehr ist kolloidchemische Einwirkung von Wichtigkeit. Das Sulfation hat Kolloiden gegenüber einen sehr geringen Quellungseinfluß. Es wirkt eintquellend, diffundiert schlecht und wird mangelhaft resorbiert. Im Darm vermag das Sulfaft in hypertonischen Lösungen große Mengen Wasser zu absorbieren. (...) Darauf beruht die bekannte abführende Wirkung Sulfationen und die Möglichkeit der Entwässerung des Körpers. (...)

Das *Kochsalz* scheint in niedrigen oder mittleren Konzentrationen die Magensekretion anzuregen...

Unter den Kationen ist das *Calcium* besonders erwähnenswert. Die Calciumsalze sind wenig resorbierbar, vor allem das Calciumsulfat. Calcium wirkt in jeder Form entquellend und dichtend auf die Zellmembran sowie entzündungswidrig.

(...)

Kohlensäure in Mineralwässern regt die Magen- und Darmsaftsekretion sowie die Salzsäureproduktion des Magens an und erzeugt eine starke Durchblutung der Magen- und Darmschleimhaut...“

Nach dem heutigen Stand des medizinischen Wissens lassen sich den einzelnen Mineralstoffen, hier als Ionen betrachtet, folgende medizinisch-physiologische Eigenschaften bzw. Wirkungen vereinfacht zuschreiben:

Natrium ist ein Gegenspieler das *Kaliums* und beeinflusst die Flüssigkeitsbilanz im Körper. Wichtig: Natrium ist nicht gleich Kochsalz! Kalium spielt eine Rolle bei der Steuerung der Muskeln, Natrium übt Wirkungen auf die Zellwandfunktion aus und reguliert den Blutdruck.

Calcium ist ein essenzieller Baustein für Knochen und Zähne, hemmt in Folge seiner Funktionen in Enzymsystemen Entzündungen und allergische Reaktionen und wirkt als Aktivator bei Stoffwechselvorgängen sowie bei der Blutgerinnung und ist an der Erregbarkeit von Nerven und Muskeln beteiligt.

Magnesium wirkt zusammen mit Calcium bei der Regulierung der Muskelaktivität; ein Mangel führt zu Muskelkrämpfen. Außerdem ist Magnesium wie auch das Calcium in zahlreichen Enzymsystemen von Bedeutung, wichtig für Herz und Kreislauf, für die Verdauung und das vegetative Nervensystem.

Fluorid, auch in geringen Mengen, jedoch regelmäßig aufgenommen, stärkt Zähne und Zahnschmelz.

Chlorid hat seinen wesentlichen Funktionen zusammen mit Magnesium und Calcium vor allem im Flüssigkeitshaushalt; es regt im Magen die Verdauung (Bildung von Salzsäure) an.

Hydrogencarbonat bindet überschüssige Magensäure und *Sulfat* hat in höheren Konzentrationen die bereits beschriebenen entwässernden und abführenden Funktionen und ist andererseits auch ein Gegenspieler im Säure-Base-Haushalt."

TRINKKUR

Aus dem Bericht von einer *Carlsbader Brunnen Reise* des Hamburger Justizrates Johann Peter Willebrand im Jahre 1781 erfahren wir:

Endlich ward ich dazu verurtheilt, forthin jeden Morgen aufs mindeste drey Wochen hindurch (...) um 5 oder 6 Uhr eilf Becher von obgedachtem heißem Sprudelwasser, wäre es möglich an der Quelle des Sprudels dergestalt zu trinken, daß ich jede zehn Minuten unter beständigem Hin- und Hergehen mich eines Bechers bediente.

(Das Volumen von 11 Bechern wird auf etwa 2 Liter geschätzt.)

Einhundert Jahre später ist in „Meyers Konversations-Lexikon" von 1889 zu lesen:

Das Wasser wird gewöhnlich morgens nüchtern in Gaben von 60 bis 90 g und in einer Gesamtquantität von 400 bis 1600 g je nach der Wirkung und Krankheitsfalle getrunken. (...) Unter keinen Umständen lässt sich die Dauer der Kur durch

Vermehrung der Becherzahl abkürzen. (...) Während des Trinkens ist eine mäßige Bewegung ohne jeder Erhitzung und Ermüdung nothwendig. Der letzte Becher muß mindestens 1-2 Stunden vor dem Frühstück getrunken werden.

In den Kurorten waren inzwischen auch Brunnen- und Wandelhallen entstanden, damit die Kurgäste und bei schlechtem Wetter ihrer Trinkkur nachkommen konnten.

Der Arzt Christoph Wilhelm HUFELAND schrieb in seinem Werk (s. Kap. 2) „Praktische Übersicht über die vorzüglichsten Heilquellen Teutschlands nach eigener Erfahrung" (1832) über *allgemeine Grundsätze* zu einer TRINK- bzw. BRUNNENKKUR Folgendes:
I. Jedes Mineralwasser muß nicht bloß als ein reizender Arzneistoff, sondern auch als ein Gegenstand der Verdauung, und zwar als ein roher nicht leicht zu verdauender Stoff,

betrachtet werden, dessen Schwerverdaulichkeit im Verhältnis der Menge seiner Bestandtheile, und dabei wieder, in Hinsicht auf ihre qualitative Verschiedenheit, in folgendem Verhältniß, zunimmt: Salze, Schwefel, Erden, Eisen.

II. Die gehörige Verdauung des Brunnens muß also die erste Sorge seyn, und, da überdies das Verdauungssystem während einer Brunnenkur immer als im Kampfe mit einer rohen Natur und also als in einem gereizten und geschwächten Zustande betrachtet werden muß, so muß die vorzüglichste Aufmerksamkeit auf Unterstützung dieses Systems, theils durch eine gite Diät, theils durch Mittel, gerichtet werden.

III. Jede Brunnenkur greift den Körper an, und bringt im Organismus einen theils aufgereizten, theils geschwächten Zustand hervor, erhöhte Reizbarkeit mit verminderter Kraft, vermehrte Bewegungen des Gefäßsystems, die bis ans fieberhafte steigen können, Congestionen des Bluts, ungewöhnliche Vermehrungen und Hemmungen der Absonderungen, neue Verhältnisse zu sich und der Außenwelt. Jede Brunnenkur muß als eine künstliche Krankheit betrachtet, und dem gemäß die Behandlung eingerichtet werden. Vermeidung aller zu reizenden und schwächenden Einwirkungen, ungleicher Anstrengungen einzelner Organe, Erhaltung des Gleichgewichts der Kräfte und der Blutbewegung, Freiheit der Secretionen, doch ohne zu starke Beförderungen, sind die Hauptmomente.

IV. Jede Brunnenkur muß, vermöge der dabei geschehenden chemischen Einwirkungen und positiven Mittheilungen in dem Organismus, die z. B. bei Eisen- und Schwefelwassern ganz in die Augen fallend sind, als ein chemisch animalischer Prozeß betrachtet werden, der die wichtigsten Veränderungen in der organischen Mischung, *sowohl zur Bindung, als zur Zersetzung der Materien, hervorbringen kann. Dieser Prozeß ist nun nach der chemischen Verschiedenheit des Brunnens qualitativ verschieden, und erfordert die Anwendung der Diät und der ganzen Leitung seine eigenthümliche Rücksicht. Ich will nur an die Nachtheile der Säuren, in Arzneien und Nahrungsmitteln, bei dem Gebrauch laugenhafter Wasser erinnern.*

    V. Dieser durch den Brunnen erregte organische Heilungsprozeß dauert auch noch nach dem Gebrauche eine Zeit lang fort, und bringt erst nach seiner vollkommenen Endigung die wirkliche Krise hervor; daher auch die Zeit der Nachwirkung wohl beachtet und behandelt werden muß.

Der Text macht bereits eine naturwissenschaftliche, d.h. hier physiologisch-chemische Denkweise deutlich, in der vor allem die Zusammensetzung der Mineralwässer von Bedeutung ist (s. dazu die Aussage von FRESENIUS in der Einleitung).

Trinkkur in Bad Ems und Bad Pyrmont im 21. Jahrhundert

Aus dem ehemals berühmten BAD EMS stammen die folgenden Hinweise zur Durchführung einer Trinkkur, die im 21. Jahrhundert allgemeine gültig sind – sie stammen von der Badeärztin Dr. med. Hanna Michel.

Sie stellt zunächst fest, dass das Behandlungsschema für eine Kur aus Erfahrung natürlich von Fall zu Fall variiert werden müsse. Als Vorschlag empfiehlt sie, morgens früh zu Beginn des Tages ein bis zwei Gläser Wasser aus dem *Kränchenbrunnen* zu trinken, bei Magen-Darm-Beschwerden besser aus dem *Kesselbrunnen*. Langsames Spazierengehen fördere die Wirkung. Weiter schlägt sie vor, auch vor dem

Mittagessen bzw. am späten Nachmittag ein oder zwei Glas Brunnen zu trinken.

Das Wasser des *Kränchenbrunnens* ist als fluoridhaltiger thermaler Natrium-Hydrogencarbonat-Chlorid-Säuerling zu bezeichnen (mit 32 °C) – empfohlen bei Katarrhen der Luftwege, akuten und chronischen Erkrankungen des Kehlkopfes, der Bronchien, Magen- und Darmkatarrhen, Magensäureüberschuss und Stoffwechselerkrankungen, soweit sie auf Mineralstoff-mangel zurückzuführen sind.

Der *Kesselbrunnen* ist eine fluoridhaltige Natrium-Chlorid-Hydrogencarbonat-Therme (mit 34,6 °C).

Die Bad Emser Quellen wurden von Remigius FRESENIUS zwischen 1851 und 1887 untersucht – vom Kränchen, Kesselbrunnen, Fürstenbrunnen, Kaiserbrunnen, der Neuen Quelle, Augusta- und Victoria-Quelle, Römer-, Eisen- und Wappenquelle bis zur König-Wilhelms-Quelle (1887), die heute nicht mehr alle betrieben bzw. genutzt werden.

Das historische *Kränchen* im Bad Ems – Feldpostkarte 1912

Ebenso berühmt wie Bad Ems, noch heute bedeutend und bekannt ist BAD PYRMONT. Hier wird bei einer Trink- bzw. Brunnenkur vor allem daraufhin gewiesen, dass die Pyrmonter Quellen wegen ihrer unterschiedlichen Mineralstoffgehalte ein breites Anwendungsspektrum ermöglichen.

Die Heilwässer mit natürlichem Kohlensäuregehalt werden bei funktionellen Erkrankungen der Verdauungsorgane empfohlen (Helenenquelle, Der Hyllige Born, Friedrichsquelle, Trampel'sche Quelle, Wolfgangquelle).

Die Calcium-Magnesium-Sufat-Hydrogencarbonat-Säuerlinge eignen sich zur Vorbeugung alimentärer* Eisenmangelzustände, Förderung der Diurese** bei urologischen Erkrankungen, bei alimentären Calciummangel-Zuständen und bei Osteoporose sowie als Begleitbehandlung allergischer Erkrankungen (Helenenquelle, Friedrichsquelle). Und schließlich wird der Hyllige Born noch einmal und besonders zur Unterstützung der Harnausscheidung empfohlen. Die Natrium-Chlorid-haltigen Heilquellen können speziell bei orthostatischen*** Kreislaufregulationsstörungen sowie Kochsalz- und Flüssigkeitsmangel im Alter angeboten werden.

*Diurese: Harnausscheidung
**alimentär: mit der Ernährung zusammenhängend
***orhostatisch: aus der Körperhaltung bedingt

Die Quellen auf dem Brunnenplatz in Bad Pyrmont

Auch von vier der Pyrmonter Quellen haben wir von Remigius FRESENIUS Berichte und Analysen aus dem Jahr 1864: Brodelbrunnen, Hauptquelle (Hylliger Born), Helenenquelle und Badequelle.

Brunnenwasser-Ausgabe in der Bad Pyrmonter Brunnenhalle

7. KLEINE MINERALWASSER-ANALYSE
nach der
Anleitung zur qualitativen chemischen Analyse
für Anfänger und Geübtere
von
C. REMIGIUS FRESENIUS
(13. Auflage 1869)

Originalwerke von C. R. FRESENIUS in der Bibliothek des Autors G.S.

Bereits 1841 hatte FRESENIUS seine erste Auflage dieses Buches veröffentlicht, als er noch Student an der Universität Bonn und bei dem Apotheker Clamor MARQUART (1804-1881) seine praktisch analytisch-chemische Ausbildung erhielt. Marquart hatte 1839 in Bonn nach der Promotion zum Dr. phil. an der Universität Heidelberg (mit einer Arbeit über die Farben der Blüten, die Anthocyane) ein pharmazeutisches Institut eröffnet.

FRESENIUS widmete sein erstes Werk auch Clamor Marquart; zugleich schrieb Justus LIEBIG in der bereits 1842 erschienenen 2. Auflage das Vorwort. Darin ist u.a. zu lesen: „Die in dem hiesigen Laboratorium gemachten mannigfaltigen neuen Erfahrungen haben Herrn Dr. F r e s e n i u s in den Stand gesetzt, sein Werk mit vielen neuen und vereinfachten Scheidungsmethoden auszustatten..."

1869 – als die 13. Auflage erschien – hatte FRESENIUS schon zahlreiche Mineralwasseranalysen durchgeführt, so dass diese Erfahrungen in die hier nach seinen Vorschriften beschrieben *kleine Mineralwasseranalyse* eingeflossen sind. Als *klein* wird sie hier bezeichnet, weil sie nur die Nachweise der Hauptinhaltsstoffe eines Mineralwasser enthält – also von Natrium, Kalium, Calcium, Magnesium, Eisen, Chlorid, Sulfat und Hydrogencarbonat.

In seiner Übersicht (§.210) führt er sie – damals noch nicht als Ionen erkannt – als *Basen* (= Kationen) bzw. *Säuren* (= Anionen) auf – so z.B.
a. B a s e n: Kali, Natron, Ammon, Kalk, Magnesia, Eisenoxydul.
b. S ä u r e n etc.: Schwefelsäure, Phosphorsäure, Kieselsäure, Kohlensäure, Salpetersäure, salpetrige Säure, Chlor.
FRESENIUS merkt auch an:

Es soll damit nicht gesagt sein, dass nicht auch andere Stoffe in den süssen Gewässern vorhanden sein könnten; es sind vielmehr solche in der That darin, wie dies die Entstehung der Quellen etc. schliessen lässt und wie es auch durch analytische Untersuchungen festgestellt wurde. Ihre Quantität ist aber so gering, dass sie – wenn man nur mit Pfunden und nicht mit Centnern Wasser arbeitet – gewöhnlich nicht mehr aufgefunden werden können.

Im daran anschließenden *§. 211* über die *Untersuchung der Mineralwasser* stellt er fest:
Bei Untersuchung der Mineralwasser erweitert sich der Kreis der Bestandtheile, auf die man Rücksicht zu nehmen hat, schon mehr...
Und er zählt dann zahlreiche Spurenstoffe auf – u.a. Alkalin und Erdalkalien sowie auch Halogenide.

Und dann ist zu lesen:
Auch in Betreff der Prüfung der Reagentien, welche zu so feinen Untersuchungen dienen sollen, muss ich die allergrösste Vorsicht empfehlen.
Die *Untersuchung des Wassers* beginnt mit den *Arbeiten an der Quelle* (§. 212):
1. Man filtrirt das Wasser, sofern es sich nicht völlig klar erweist, an der Quelle (...) in grosse, *mit Glasstöpsel verschliessbare Flaschen...*
An der Quelle ist auf *freie Kohlensäure, freien Schwefelwasserstoff,* auf *salpetrige Säure und riechende organische Substanzen* zu prüfen – am empfindlichsten durch Geruch, wie beim Schwefelwasserstoff:
Man füllt zu dem Ende eine Flasche halb voll Mineralwasser, verschliesst mit der Hand, schüttelt und riecht alsdann an der

Flasche. – Man findet so öfters deutliche Spuren von Schwefel-wasserstoff, welche sich durch Reagentien nicht nachweisen lassen...

Auch der Eisen-Nachweis gehört nach FRESENIUS zu den *Arbeiten an der Quelle*:
4. Man versetzt ein Weinglas voll Mineralwasser mit etwas Gerbsäure, ein anderes mit etwa Gallussäure. Entsteht durch erstere eine rothviolette, durch letztere ein blauviolette Färung, so ist Eisenoxydul. Statt der einzelnen Säuren lässt sich Galläpfelinfusion, welche beide enthält, anwenden. Die Färbungen treten erst nach einiger Zeit ein und nehmen von oben – wo die Luft einwirkt – nach unten zu.

Auf die großen, für die qualitative Analyse erforderliche Volumina ist schon weiter oben hingewiesen worden. Auch damit beginnt die folgende Vorschrift der nun folgenden Analysenschritte zu einer *kleinen Mineralwasseranalyse*:

1. Man kocht etwa 1000 bis 2000 Grm. des reinlich gefüllten Wassers in einer Schale von ächtem Porzellan auf die Hälfte ein. (Glasgefässe sind weniger zu empfehlen, da durch siedendes Wasser Glas weit mehr angegriffen wird als Porzellan.) In der Regel entsteht hierdurch ein Niederschlag. Man filtrirt denselben durch vollkommen reines (eisen- und kalkfreies) Filter ab, wäscht ihn, nachdem man das Filtrat weggenommen hat, gut aus und prüft alsdann Niederschlag und Filtrat also:
a. Untersuchung der Niederschlages.
Derselbe enthält nur durch Vermittlung freien Kohlensäure, beziehungsweise als doppelt-kohlensaure Salze, gelöst gewesenen Bestandtheile: kohlensauren Kalk, kohlensaure

Magnesia, Eisenoxyd (welches als doppelt-kohlensaures Eisen-oxydul in Lösung war und sich beim Kochen als Oxydhydrat, als kieselsaures Eisenoxyd und bei Anwesenheit auch in Ver-bindung mit dieser, niederschlägt, phosphorsauren Kalk, – ferner Kieselsäure, zuweilen auch Gyps (wenn viel desselben vorhanden ist), sowie suspendirt gewesenen Thon.

[Beispiele in Gleichungen:
$$Ca(HCO_3)_2 \rightarrow CaCO_3\downarrow + CO_2\uparrow + H_2O$$
$$2\ Fe(HCO_3)_2 + O_2 \rightarrow 2\ FeO(OH)\downarrow + 2\ CO_2\uparrow + 2\ H_2O]$$

FRESENIUS

Man löst den Niederschlag auf dem Filter in möglichst wenig verdünnter Salzsäure (Aufbrausen: K o h l e n s ä u r e) und prüft Proben der Lösung also:
α. versetzt man mit Schwefelcyankali [Thiocyanat, z. B. KSCN], *oder mi tropfenweise zuzusetzendem Ferrocyankalium* [gelbes Blutlaugensalz: Kaliumhexacyanoferrat(II)] *zur Prüfung auf E i s e n;*
β. versetzt man, nach vorhergegangenem Aufkochen mit Ammon [Ammoniak], *filtrirt wenn nöthig, versetzt das Filtrat mit überschüssigem oxalsaurem Ammon* [Ammoniumoxalat] *und lässt längere Zeit an einem warmen Orte stehen. Weisser Niederschlag: K a l k* [Calcium als schwerlösliches Oxalat] *(kohlensaurer oder auch schwefelsaurer, wenn man in γ Schwefelsäure findet); man filtrirt ab, versetzt das Filtrat aufs Neue mit Ammon, fügt etwas phosphorsaures Natron zu, rührt mit einem Glasstäbchen gelind um und lässt 12 Stunden stehen. Weisser krystallinischer Niederschlag, den man zuweilen erst dann an den Wänden des Gefässes wahrnimmt,*

wenn man die Flüssigkeit ausgiesst: M a g n e s i a (kohlensaure);

[Schon nach den ersten Schritten des ANALYSENGANGES wird deutlich, wie sorgfältig beobachtend und auch **zeitaufwändig** (!) die Analytik in der zweiten Hälfte des 19. Jahrhunderts – und auch noch bis in die zweite Hälfte des 20. Jahrhunderts – gewesen ist.]

γ. versetzt man mit Chlorbaryum [Bariumchlorid] *und lässt 12 Stunden an einem warmen Orte stehen. Hat sich nach dieser Zeit ein Niederschlag gebildet, der, wenn er sehr unbedeutend ist, am besten wahrgenommen wird, wenn man die oben stehende Flüssigkeit vorsichtig abgiesst und das letzte Restchen im Glas aufschüttelt, so ist S c h w e f e l s ä u r e* [d.h. Sulfat] *im Niederschlage vorhanden gewesen;*

δ. verdampft man unter Zusatz von Salpetersäure zur Trockene, behandelt den Rückstand mit Salpetersäure und Wasser, filtirt etwas ausgeschiedenen K i e s e l s ä u r e ab, und prüft das Filtrat mit Molybdänsäurelösung (§. 142.10) oder auch mit essigsaurem Natron und Eisenchlorid (§.142.9) auf P h o s p h o r s ä u r e [d.h. Phosphat].

Zu den §.142.9 und 142.10:
9. Fügt man zu einer Phosphorsäure enthaltenden Lösung, welche Salz- oder Salpetersäure in m ö g l i c h s t g e r i n - g e m Ueberschuss enthält, essigsaures Natron in ziemlicher Menge, dann einen Tropfen Eisenchlorid, so entsteht ein gelblich-weisser, flockig-gelatinöser Niederschlag von p h o - s p h o r s a u r e m E i s e n o x y d.

[Eisen(III)chlorid fällt aus ganz schwach saurer, acetat-gepufferter Lösung weißgelbes FePO₄.]

FRESENIUS:

Ueberschuss von Eisenchlorid ist zu vermeiden, weil dadurch essigsaures Eisenoxyd (roth von Farbe) entsteht, in welchem der Niederschlag nicht unlöslich ist. – Diese Reaktion ist wichtig, um in phosphorsauren alkalischen Erden die Phosphorsäure zu entdecken... Soll die Phosphorsäure als phosphorsaures Eisenoxyd völlig abgeschieden werden, so fügt man so viel Eisenchlorid zu, dass die Lösung röthlich wird, kocht (wodurch alles Eisenoxyd, theils als phosphorsaures, theils al basisch essigsaures gefällt wird) und filtrit heiß ab...

10. Bringt man in ein Proberöhrchen einige Cubikcentimeter der Auflösung von molybdänsaurem Ammon in Salpetersäure (§. 52) und fügt etwas einer Phosphorsäure in neutraler oder saurer Lösung enthaltenden Flüssigkeit an, so entsteht, wenn die Menge an Phosphorsäure nur irgend von Belang ist, sofort oder nach kurzer Zeit schon in der Kälte ein feinpulveriger hellgelber Niederschlag, welcher sich bald auf dem Boden und an den Wänden absetzt. Bei ausserordentlich geringen Phosphorsäuremengen, z.B. 0,00002 Grm. [20 Mikrogramm], muss man der Reaktion Zeit gönnen, auch ein wenig, aber nicht über 40° C., erwärmen. Die über dem Niederschlage stehende Flüssigkeit erscheint, wenn sonstige färbende Substanzen nicht zugegen sind, farblos. Nie setze man mehr von der auf Phosphorsäure zu prüfenden Lösung zu als höchstens ein Drittel der angewandten Molbydänlösung, und nie betrachte man eine blosse Gelbfärbung der Flüssigkeit als Reaction auf Phosphorsäure.

[In §. 52 wird die relativ aufwändige Bereitung der Ammoniummolybdat-Lösung beschrieben – ausgehend vom Mineral Molybdänglanz Molybdänsulfid. Ammonium-molybdat in großem Überschuss fällt aus salpetersaurer Lösung bereits bei etwa 40 °C kleine gelbe Würfel oder Oktaeder von $(NH_4)_3[P(Mo_{12}O_{48})]\cdot aq$, Ammoniummolybdatophosphat.]

b. Untersuchung des Filtrats.
α. Man versetzt eine Probe mi ein wenig Salzsäure und Chlorbaryum [Bariumchlorid]. *Weisser Niederschlag, gleich oder vielleicht erst nach längerem Stehen wahrnehmbar S c h w e f e l s ä u r e* [Sulfat].
β. Man versetzt eine Probe mit ein wenig Salpetersäure und fügt salpetersaures Silberoxyd [Silbernitrat] *an. Weisser Niederschlag oder solche Trübung: C h l o r* [Chlorid].
γ. Man prüft eine Probe auf P h o s p h o r s ä u r e, indem man mit Salpetersäure abdampft und mit der salpetersauren Lösung des Rückstands wie in (237 [s.o.]*) verfährt.*

δ. Man verdampft eine grössere Portion, bis sie ganz concentrirt geworden, und prüft die Reaction der Flüssigkeit. Ist sie alkalisch, braust ein Tropfen der concenrirten klaren Lösung, wenn man ihn auf einem Uhrglase mit einem Tropfen Säure vermischt und schlägt sich bei vorsichtigem Zusatz von Chlorcalcium [Calciumchlorid] *zu den alkalischen Lösng kohlensaurer Kalk* [Calciumcarbonat] *nieder, so ist ein k o h l e n s a u r e s Alkali* [Natrium- und/oder Kaliumcarbonat] *zugegen. – Man verdampft sodann die Flüssigkeit völlig zur Trockene, kocht den Rückstand mit Weingeist* [Ethanol]*, filtrirt, verdampft die alkoholische Lösung zur Trockene, löst*

den Rückstand in wenig Wasser und prüft die Lösung nach
§.159.7,8 oder 9 auf S a l p e t e r s ä u r e*).

*) Häufig ist dieses etwas umständlichere aber genaue Verfahren nicht
erforderlich; man findet vielmehr die Salpetersäure schon ohne Mühe,
wenn man das bis auf einen kleinen Rest eingedampfte Wasser direct prüft.

[Für die genannten Reaktionen auf Salpetersäure verwen-
dete FRESENIUS die organischen Reagenzien Indigo, Brucin
und Phenol, von denen hier nur die erstere zitiert wird, die
ohne konzentrierte Schwefelsäure durchführbar ist.]

§.159
7. Kocht man in einem Proberöhrchen etwas Salzsäure, fügt
einen oder zwei Tropfen ganz verdünnte schwefelsaure
Indigolösung zu und kocht nochmal, so bleibt die Flüssigkeit
(sofern die Salzsäure chlorfrei war) blau. Setzt man jetzt zu
der schwach hellblauen Lösung ein salpetersaures Salz, fest
oder gelöst, und erhitzt wiederum zum Kochen, so entfärbt
sich die Flüssigkeit durch Zerstörung des Indigblaues. – Höchst
empfindliche Reaction. Man beachte jedoch, dass andere
Oxidationsmittel, namentlich freies Chlor, ebenfalls
Entfärbung bewirken.

δ. Den ganzen Rest versetzt man mit etwas Salmiak
[Ammoniumchlorid], Ammon [Ammoniak] und überschüs-
sigem oxalsaurem Ammon und lässt längere Zeit stehen.
Niederschlag: K a l k. Man filtrirt ab und prüft
    aa. eine kleine Probe mit Ammon und phosphorsaurem
        Natron auf M a g n e s i a;
    bb. den Rest verdampft man zur Trockene, glüht,
        scheidet etwa vorhandene Magnesia ab (168), und
        prüft nach §. 197 auf K a l i und N a t r o n.

§. 197. Prüfung auf Kali und Natron.

Der gelinde geglühte, von Ammonsalzen und alkalischen Erden freie Rückstand, welcher in (168) erhalten worden ist, muss nunmehr auf Kali und Natron untersucht werden. Man löst ihn zu dem Behufe in wenig Wasser, filtrirt wenn nöthig, dampft so weit ein, dass man nur noch einen ganz kleinen Rest Flüssigkeit hat, bringt die Hälfte derselben auf ein Uhrglas, während man die andere Hälfte in dem Porzellanschälchen lässt.

1. Zu der letzteren setzt man nach dem Erkalten einige Tropfen Platinchloridlösung. Entsteht sogleich oder nach einiger Zeit ein gelber krystallinischer Niederschlag, so ist K a l i zugegen.

[Als Alternative, vor allem bei Anwesenheit von störendem Iodid, gibt FRESENIUS die Reaktion mit *saurem weinsteinsaurem Natron* an – Fällung als Kaliumhydrogentartrat weiß: $KHC_4H_4O_6$.]

2. Zu der anderen Hälfte fügt man etwas antimonsaures Kali [Kaliumantimonat $KSB(OH)_6$]. *Entsteht dadurch sogleich oder nach einiger Zeit ein krystallinischer Niederschlag, so ist N a t r o n zugegen. Die völlig Abwesenheit von Natron kann man erst dann mit Gewissheit annehmen, wenn auch nach zwölf Stunden keine Kryställchen von antimonsaurem Natron entstanden sind...*

2. Eine ziemlich grosse Portion des filtrirten Wassers säuert man mit reiner Salzsäure an und verdampft bis fast zur Trockene; den Rückstand theilt man in zwei Theile und prüft a. den einen mit Kalkhydrat [Kaliumhydroxid] *auf A m m o n (§.91.3)* - [Freisetzung von Ammoniak als Gas, Wahrnehmung am Geruch]

b. den anderen verdampft man zur Trockene, befeuchtet den Rückstand mit Salzsäure, setzt Wasser zu, erwärmt und filtrirt, sofern ein Rückstand bleibt, Derselbe kann aus K i e s e l s ä u r e und, wenn das Wasser auch durch Filtriren nicht vollständig klar geworden sein sollte, aus im Wasser suspendirt gewesenen Thon bestehen, welche durch Kochen mit kohlensaurer Natronlösung getrennt werden können. Häufig ist der Rückstand durch organische Materien dunke gefärbt, wird aber beim Glühen völlig weiß.

3. Eine weitere Portion des frisch geschöpften Wassers versetzt man mit Kalkwasser. Entsteht dadurch ein Niederschlag, so ist f r e i e K o h l e n s ä u r e oder so sind d o p p e l t – k o h l en-s a u r e Salze vorhanden. Ist ersteres der Fall, so erhält man keinen bleibenden Niederschlag, wenn man eine größere Portion Wasser nur mit wenig Kalkwasser versetzt (weil sich in dem Falle löslicher doppelt-kohlensaurer Kalk bildet).

[*doppelt-kohlensauer* = Hydrogencarbonat]

4 Auf s a l p e t r i g e S ä u r e [= Nitrit] *prüft man, indem man eine Probe des Wassers mit etwas Jodkaliumstärkekleister (1 Thl. reinstes Jodkalium, 2 Thle. Stärke, 500 Thle. Wasser) und reiner verdünnter Schwefelsäure versetzt und beobachtet, ob sogleich oder doch nach wenigen Minuten Bläuung eintritt (...). Die Vorsicht erheischt, dass man einen Gegenversuch* [= Blindversuch] *mit denselben Reagentien und von salpetriger Säure freiem Wasser anstellt.*

5. O r g a n i s c h e M a t e r i e n erkennt man, wenn eine Portion des Wassers zur Trockene verdampft und der

Rückstand gelinde geglüht wird, an der eintretenden Schwärzung des Rückstandes. – Soll diese Probe entscheidende Resultate liefern, so muss das Verdampfen wie auch das Erhitzen des Rückstandes in einem Glaskolben oder einer Retorte geschehen.

In den folgenden Punkten weist FRESENIUS dann noch *riechende Substanzen* (durch Schütteln des Wassers in einer Flasche – s.o.) und *suspendirter Stoffe* (durch Trübung und Absetzen über mehrere Tage !) nach.

Mit einem fundierten chemisch-stofflichen Grundwissen lassen sich alle beschriebenen Analysen und Trennungen auch in die Fachsprache (und in chemische Gleichungen bzw. Formeln) unserer Zeit übertragen und verstehen. Die Durchführung der Analysen ist so anschaulich und differenziert beschrieben, dass sich auch alle Analysen nacharbeiten lassen – jedoch benötigt man, wie die Angaben von FRESENIUS selbst verdeutlichen, *Zeit und Geduld,* vor allem wenn man sich dazu den Zeitaufwand für die Durchführung einer (kleinen) Mineralwasseranalyse mit der Ionenchromatographie anschaut, die sich jedoch erst in den letzten drei Jahrzehnten als Routinemethodik durchsetzen konnte.

Qualitative Analyse nach FRESENIUS am Brunnen von Niederselters

In seinem bereits mehrmals erwähnten Bericht (1863) über den Brunnen in Niederselters gibt FRESENIUS auch die am Brunnen selbst durchführbaren Untersuchungen bzw. qualitativen Analysen an.

Analytiker vor ihm waren u.a. WESTRUM (1813) und BISCHOF (1823).

Die Brunnenanlage in Niederselters zur Zeit von FRESENIUS
(Stich von Barnard 1841)

Ihre **Chemische Untersuchung** beginnen BISCHOF und FRESENIUS in der Regel am Ort der Probenahme u.a. mit folgenden Reagenzien und Ergebnissen:
Nachweis von Calcium
BISCHOF: *Sauerkleesaures Kali* [Kaliumoxakat] *trübte das Wasser, und bald setzte sich ein Niederschlag zu Boden...*
FRESENIUS: *Oxalsaures Ammonium* [Ammoniumoxalat] *bewirkt starke Trübung, später ziemlich erheblichen Niederschlag.*

Nachweis von Chlorid
BISCHOF: *Silbersalpeter fällte sogleich viele käsige Flocken aus dem durch Salpetersäure gesäuerten Wasser.*
FRESENIUS: *Salpetersaures Silberoxyd erzeugt in dem mit Salpetersäure angesäuerten Wasser einen sehr starken käsigen Niederschlag.*

Nachweis von Sulfat
BISCHOF: *Salzsaurer Baryt trübte das durch Salpetersäure gesäuerte Wasser sehr schwach.*
FRESENIUS: *Chlorbaryum zu dem mit Salzsäure angesäuerten Wasser gesetzt, veranlaßt anfangs keine Trübung, allmählich bildet sich ein geringer Niederschlag von schwefelsaurem Baryt.*

Verschiebung von Gleichgewichten beim Erhitzen
FRESENIUS: *Beim Kochen verliert das Wasser einen schwach gelblich gefärbten Niederschlag* (durch Eisen) *und nimmt stark alkalische Reaction an* (durch Carbonat aus der Zersetzung von Hydrogencarbonat).

ANHANG
Brunnen- und Bäder-Museen

Bad Bellingen
Oberrheinisches Bäder- und Heimatmuseum, Bad Bellingen-Bamlach
(www.baedermuseum.de)
Von der Badekultur der Römer bis zu den erst ab 1955 entdeckten Quellen Markus, St. Leodegar- und Eberhard.

Bad Elster
Sächsisches Bademuseum, Badstraße 6
(in der KurWandelhalle –
www.saechsisches-bademuseum.de)
1880 eröffnet – Mitgründer Robert Flechsig (1817-1892), Brunnenarzt, Autor eines Bäder-Lexikons (1880): *Darstellung aller bekannten Bäder, Heilquellen, Wasserheilanstalten und klimatischen Kurorte Europas und des nördlichen Afrikas in medizinischer, topographischer, ökonomischer und finanzieller Beziehung.*
Die heilbringenden Moritzquelle spielt in Goethes „Hermann und Dorothea" (1797) eine Rolle.

Bad Ems
Museum Bad Ems (www.bad-ems.de)
Die Ausstellungen vermitteln sowohl die Geschichte des Ortes von den Römern und der Zeit des Bergbaus als auch zur Entwicklung des Bades und Kurwesens. So werden u.a. zur Trinkkur auch Badegläser in einer Vitrine ausgestellt und natürlich auch Exponate und Informationen zum *Emser Kränchen.*

Ausstellung zur Kur- und Badgeschichte im Museum Bad Ems

Bad Gottleuba (Sachsen bei Pirna)
Medizinhistorische Ausstellung im Gesundheitspark
(www.meditinhistorische-ausstellung-bad-gottleuba.de)
1828 wurden in Gottleuba die erste Heilquellen entdeckt, 1861 entstand ein Kurbad. In der Folge der Bismarck'schen Sozialpolitik konnten hier ab 1892 Alters- und Invaliden-versicherte behandelt werden. Der heutige Kurort Bad Gottleuba-Bergießhübel liegt am Rande der Sächsischen Schweiz. Das Heilwasser zählt zu den Eisen-Sulfat-Wässern und wurde „bei Bleichsucht, Blutarmut, in der Rekon-valeszenz von schweren Krankheiten und bei Schwäche-zuständen" (Roloff/Henke-Wendt) empfohlen.

Bad Homburg v. d. Höhe

Museum Gotisches Haus

(www.bad-homburg.de/museum)

Im Gotischen Haus, 1825 vom Landgrafenhof erbaut, ist seit 1985 das Städtische historische Museum untergebracht, in dem auch die Geschichte von Homburg als Kurort im 19. Jahrhundert in einer Abteilung dargestellt wird. FRESENIUS untersuchte zwischen 1857 und 1872 folgende Brunnen: Louisenbrunnen, Kaiserbrunnen, Ludwigsbrunnen, Elisabethenquelle und Stahlbrunnen – s. in Schwedt Nr. 7, S. 127-146 (2013).

Bad Langensalza

Thüringer Apothekenmuseum im „Haus Rosenthal"

(www.bad-langensalza.de)

Ein Schwerpunkt dieses Museums ist das Wirken des Apothekers und Chemikers Johann Christian Wiegleb (1732-1800).

In Wieglebs Apotheke ist auch der Vater des *chemischen Probierkabinetts*, Johann Friedrich August Göttling, ausgebildet worden.

Bad Lausick

Kur- und Stadtmuseum

(www.museum-bad-lausick.de)

1820 wurden beim Abbau von Braunkohle Heilquellen entdeckt und bereits 1821 das Hermannsbad eröffnet. Im Kur- und Stadtmuseum neben der Touristinformation wird seit 2008 die Kur- und Badhistorie vorgestellt. Einer der berühmten Kurgäste war Erich Kästner im Mai 1937, der darüber *Briefe aus einem Herzbad* schrieb, worin u.a. zu lesen ist:

> *Des weiteren mach ich die Brunnenkur.*
> *Das Wasser schmeckt wie Hering mit Lakritzen.*

Aus den Quellen treten sehr saure eisenhaltige Calcium-Sulfat- bzw. Calcium-Eisen-Sulfat-Mineralwässer zu Tage.

Bad Pyrmont

Museum im Schloss Bad Pyrmont

(www.museum-pyrmont.de)

Die stadt- und badgeschichtlichen Sammlungen vermitteln in historischen Räumen ein umfassendes Bild dieses seit Jahrhunderten bekannten Bade- und Kurortes.

FRESENIUS analysierte die wichtigsten Quellen im Jahre 1864. Bereits 1801 weilte GOETHE mehrere Wochen als einer der berühmten Kurgäste in Pyrmont.

Bad Rehburg

Historische Kuranlagen mit Museum

(www.badrehburg.de)

Der Ort in der Nähe des Steinhuder Meeres ist eine Rarität (Roloff/Henke-Wendt): „Seine Kuranlagen sind neben dem kurhessischen Hofgeismar das einzige erhaltene Kurbad

Deutschlands aus der Epoche der Romantik." Es bestand etwa 200 Jahre – von 1750 bis 1950, zuletzt als Staatsbad in Niedersachesen. 2000 bis 2001 wurden die Anlage saniert und im Museum das „Kurleben der Romantik" dargestellt. Interessante Gebäude sind das frühklassizistische Neue Badehaus (1778/1786) mit einer ornamentalen Badekammer, das frühere Brunnenhaus von 1753 und die Wandelhalle (1843/44) mit Touristinformation und Café-Restaurant „Carpe Diem". Im Museum ist auch ein Nachbau der *Chemischen Probierkabinetts* (TU Causthal) ausgestellt. (s. in Schwedt: Gesundbrunnen im Schaumburger Land, 2017)

Bad Schwalbach

Kur-Stadt-Apothekenmuseum

(www.museum-bad-schwalbach.de)

In drei Räumen des Museum wird die Entwicklung des Bades vorgestellt – mit Mineralquellen, die schon Tabernaemontanus in seinem Buch *New Wasserschatz* als *Sawerbrunnen von Langen Schwalbach* erwähnte (Original im Museum). Das Geschäft mit dem Heilwasser begann im 17. Jahrhundert, im 19. Jahrhundert entwickelte sich an den eisenhaltigen Quellen ein Kurbetrieb. FRESENIUS untersuchte 1853 den Paulinen-, Stahl- und Weinbrunnen, 1859/60 den Ehe-, Neu- und Lindenbrunnen und 1865 auch den Adelheidbrunnen.

Bad Vilbel

Brunnen- und Bädermuseum
(www.kultur-bad-vilbel.de/stadtgeschichte/brunnenmuseum)
Das 2010 in einem historischen Fachwerkhaus am Markt-platz eröffnete Museum bietet eine Zeitreise über 450 Jahre Geschichte der Mineralquellen in Bad Vilbel – in Form von Exponaten, Bild- und Texttafeln und Filmen – bis zu den modernen Techniken des Abfüllens heute.
Hassia Quellenmuseum
(www.bad-vilbel.de/de/kultur/museen/hassia-quellenmuseum) – 140-jährige Unternehmensgeschichte, nur in Verbindung mit einer Betriebsbesichtigung.

Bad Wildungen

Quellenmuseum in der Wandelhalle
(www.museumvielfalt.de)
Empfangen wird der Besucher von einer verspiegelten „Wasserwand". Das Museum informiert und dokumentiert die „Geschichte des Heilwasser der Kurmedizin" (Südflügel) und die Geschichte der Kurstadt (Nordfügel) im Oberge-schoss der Wandelhalle. 1859 analysierte FRESENIUS Bade-quelle, Helenenquelle, Stahl- und Talquelle und veröffent-lichte in Arolsen 1860 zusammenfassende seine *„Chemische Untersuchung der Mineralquellen zu Bad Wildungen."* 1892 folgte noch die *Chemische Untersuchung der Georg-Viktor-Quelle zu Bad Wildungen*, 1893 in Wiesbaden herausge-geben.

Goslar

Brunnenmuseum Harzer Grauhof
(www.harzergrauhofbrunnen.de) –
mit pdf über das Museum zum Herunterladen

Das als „Blaue Quelle" vorgestellte Mineralwasser *Harzer Grauhof* (Kap. 5) verfügt auch über ein Museum, das unmittelbar am Grauhof-Brunnen liegt.

Dort sind Geräte, Maschinen, Dokumente, Etiketten und Werbematerial sowie eine Getränkekrug-Flaschensammlung aus vielen Ländern ausgestellt. Der Besuch des Museums kann mit einer Besichtigung des Brunnenbetriebes verbunden werden.

Niederselters/Taunus
Selterswassermuseum
(www.selterswassermuseum.de)
Die Selterser Brunnenanlage (ausführlich s. S. 92-96) besteht aus dem Brunnentempel, Lagerhalle, Bürogebäude und Freifläche. Es werden Führungen durch das Museum, den Brunnentempel, den Haustrunkraum – hier kann der *Urtyp des Selterswassers* probiert werden – und die Außenanlagen statt. FRESENIUS beschrieb das *Selterswasser* als den „bekanntesten Prototyp der wohlschmeckenden Säuerlinge", die Fachwelt nannte es den „König der Tafelwässer". Als „kalter, alkalisch-muriatischer Säuerling" wurde er bei Husten, Heiserkeit und Verschleimung als wirksam empfohlen.
(s. auch N. ZABEL, E. CASPARY, W. HAMM: *Geschichte des Mineralbrunnens Niederselters. Deutschlands bekanntester Gesundbrunnen 1536-2013*, Niederselters 2013.)
Das Selterswassermuseum beherbergt auch die weltweit größte *Sammlung von Mineralwasserflaschen*.

LITERATURVERZEICHNIS

Poth, Susanne: Carl Remigius Fresenius (1818-1897). Wegbereiter der analytischen Chemie, Stuttgart 2007.

Roloff, Eckart u. Karin **Henke-Wendt**: Besuchen Sie Ihren Arzt oder Apotheker. Eine Tour durch Deutschlands Museen für Medizin und Pharmazie, Band 1 Norddeutschland, Band 2 Süddeutschland, Hirzel, Stuttgart 2015.

Carlé, Walter: Die Mineral- und Thermalwässer von Mittelauropa. Geologie, Chemismus, Genese, Wiss. Verlags-ges., Stuttgart 1975.

Arius, Claus: Mineralwasser. der Guide zu 225 Marken aus aller Welt, Heyne, 3. Aufl. München 1999.

Strick, Martin: Mineralwasser und Heilwasser. Entstehung, Zusammensetzung, Wirkungsweise, Heilanzeigen. Ein kritischer Führer, Heyne, München 1987.

Green, Maureen u. Timothy: Mineralwasser. Die besten Marken der Welt, Bucher, München und Luzern 1987.

Kiefer, Klaus: Mineralwässer. Der Beitrag deutscher Apotheker zur Erforschung von Mineralquellen und zur Herstellung künstlicher Mineralwässer, Govi-Verlag, Eschborn 1999.

Kukowka, Albert: Die Heilquellen und Bäder Thüringens und allgemeine Darlegungen über die Bäderheilkunde, Greifen-Verlag, Rudolstadt 1948.

Käß, Werner u. Hanna (Hrsg.): Deutsches Bäderbuch, 2. vollständig neue Aufl., Schweizerbart'sche Verlagsbuchh., Stuttgart 2008.

Dienemann, Wilhelm, Karl **Fricke**: Mineral- und Heilwässer, Peloide und Heilbäder in Niedersachsen und seinen Nachbargebieten, Die Lagerstätten Niedersachsen und ihre Bewirtschaftung, 5. Abt., Veröff. d. Nieders. Inst. f. Landeskunde an der Universität Göttingen..., Göttingen 1961.

Gutmann, S.: Die Heilquellen der Bundesrepublik Deutschland. Eine geologisch-chemisch-biologische Betrachtung, Spitzer Arzneimittel, Ettlingen/Baden 1959.

BÜCHER des AUTORS zum THEMA MINERALWÄSSER

1. Die vier Gesichter des Kohlenstoffdioxids, Brigg Pädagogik Verlag, Augsburg 2010.

2. Mineral- und Heilwässer vom Rhein, von der Ahr und der Eifel, Bouvier, Bonn 2011.

3. Eifelquellen – Gesundbrunnen seit der Römerzeit, Shaker Media, Aachen 2012.

4. Goethes heilsame Wässer. Gesundbrunnen in Thüringen, Böhmen, Pyrmont und Wiesbaden, Weimarer Verlagsges., Weimar 2012.

5. Zwei Jahrtausende Tönissteiner Mineralwasser, Bouvier, Bonn 2013.

6. Berühmte Chemiker und Mediziner über den Selters Brunnen. Berichte zu Niederselters im Taunus aus fünf Jahrhunderten, Shaker Media, Aachen 2013.

7. Vom Probierkabinett zum Analysenkoffer. Chemische Experimentierkästen aus drei Jahrhunderten, Shaker Media, Aachen 2013.

8. C. Remigius Fresenius und seine Mineralwasser-analysen. An den Quellen im und am Taunus, Shaker Media 2013.

9. Sprudelnde Mineralwässer in Bad Neuenahr. Eine historische Spurensuche, Media, Aachen 2014

10. Ferdinand Wurzer und die Gründung des Godesberger Gesundbrunnens, (Hrsg. Verein f. Heimatpflege u. Heimatgeschichte Bad Godesberg e.V.) Bonn-Bad Godesberg 2015.

11. Der Apotheker J. P. J. Monheim über die Thermal- und Schwefelwässer von Aachen und Burtscheid, Shaker Verlag, Aachen 2015.

12. Exotische Wässer aus 45 Ländern. Aus der Sammlung im Selterswassermuseum zu Niederselters/Taunus, BoD, Norderstedt 2015.

13. Der Traum von einem Bad Lamscheid im Hunsrück. Die Bonner Professoren Harless und Bischof über den Stahlbrunnen im 19. Jahrhundert, BoD, Norderstedt 2016.

14. Staatl. Fachingen. Seit 275 Jahren. Berichte aus drei Jahrhunderten, BoD; Norderstedt 2017.

15. Gesundbrunnen im Schaumburger Land. Rehburg, Rodenberg, Nenndorf, Eilsen. Ausflüge in die Geschichte, BoD, Norderstedt 2017.

16. Gustav Bischof – Professor der Universität Bonn, ein Pionier der Geochemie, Band 108 Alma Mater (Universität Bonn), Bouvier 2017.